Jürgen Möcke

Musiktheater und Vertragsrecht

Die Verträge im Musiktheaterbetrieb
vom Gastspiel- bis zum Tarifvertrag
im Wandel der Zeit

Diplomica Verlag GmbH

Möcke, Jürgen: Musiktheater und Vertragsrecht: Die Verträge im Musiktheaterbetrieb vom Gastspiel- bis zum Tarifvertrag im Wandel der Zeit.
Hamburg, Diplomica Verlag GmbH 2013

Buch-ISBN: 978-3-8428-9495-2
PDF-eBook-ISBN: 978-3-8428-4495-7
Druck/Herstellung: Diplomica® Verlag GmbH, Hamburg, 2013

Bibliografische Information der Deutschen Nationalbibliothek:
Die Deutsche Nationalbibliothek verzeichnet diese Publikation in der Deutschen Nationalbibliografie; detaillierte bibliografische Daten sind im Internet über http://dnb.d-nb.de abrufbar.

Das Werk einschließlich aller seiner Teile ist urheberrechtlich geschützt. Jede Verwertung außerhalb der Grenzen des Urheberrechtsgesetzes ist ohne Zustimmung des Verlages unzulässig und strafbar. Dies gilt insbesondere für Vervielfältigungen, Übersetzungen, Mikroverfilmungen und die Einspeicherung und Bearbeitung in elektronischen Systemen.

Die Wiedergabe von Gebrauchsnamen, Handelsnamen, Warenbezeichnungen usw. in diesem Werk berechtigt auch ohne besondere Kennzeichnung nicht zu der Annahme, dass solche Namen im Sinne der Warenzeichen- und Markenschutz-Gesetzgebung als frei zu betrachten wären und daher von jedermann benutzt werden dürften.

Die Informationen in diesem Werk wurden mit Sorgfalt erarbeitet. Dennoch können Fehler nicht vollständig ausgeschlossen werden und die Diplomica Verlag GmbH, die Autoren oder Übersetzer übernehmen keine juristische Verantwortung oder irgendeine Haftung für evtl. verbliebene fehlerhafte Angaben und deren Folgen.

Alle Rechte vorbehalten

© Diplomica Verlag GmbH
Hermannstal 119k, 22119 Hamburg
http://www.diplomica-verlag.de, Hamburg 2013
Printed in Germany

Inhaltsverzeichnis

1.	**Einleitung**	**01**
1.1	Eingrenzung	02
1.1.1	Performing Arts – Klassifizierung	02
2.	**Künstler und Kunst – Begriffsbestimmung**	**05**
2.1	Der Kunstbegriff im Sinne des Steuerrechts	06
2.1.1	Gewerbliche oder freiberufliche Kunst – Abgrenzung	07
2.1.2	Freie Kunst	07
2.2	Freie Kunst als Grundrecht	08
2.2.1	Der Kunstbegriff im Sinne des Bundesverfassungsgerichtes	08
2.3	Der Kunstbegriff im Sinne des Bundessozialgerichtes	09
2.4	Der „Künstlerbericht" der Bundesregierung	10
2.5	Fazit	10
3.	**Exkurs: Vertragsrecht am Theater im Wandel der Geschichte**	**12**
3.1	Theater in der griechischen Antike	12
3.2	Theater in der römischen Antike	13
3.3	Theater vom Mittelalter bis zur Neuzeit	14
3.3.1	Theaterrecht und Theatergesetze	16
3.3.2	Das bürgerliche Theater	16
3.3.3	Gründung des Bühnenvereins und der Bühnengenossenschaft	17
3.3.4	Bildung eines Bühnenschiedsgerichtes	18
3.4	Das neuzeitliche Theater des 20. Jahrhunderts	18
3.4.1	Das Theater im Nationalsozialismus	19
3.4.2	Das Theater nach dem 2. Weltkrieg	19

4.	**Theaterorganisation**	**20**
4.1	Rechtsformen	20
4.1.1	Der Eigenbetrieb – der Regiebetrieb	20
4.1.2	Die Gesellschaft mit beschränkter Haftung (GmbH)	21
4.1.3	Die Gesellschaft bürgerlichen Rechts (GbR)	21
4.1.4	Der Verein	22
4.2	Daten und Fakten	22
4.3	Organisationsaufbau am Theater	23
4.3.1	Von der Idee zur Produktion	24
5.	**Die heute maßgeblichen Vertragsformen**	**25**
5.1	Der Werkvertrag	25
5.1.1	Die Eingliederung	30
5.1.2	Das Unternehmerrisiko	31
5.1.3	Kündigung – Vergütung	31
5.1.4	Steuer- und Sozialabgaben, Urlaub, Entgeltfortzahlung	32
5.2	Der Dienstvertrag	33
5.2.1	Der freie Dienstvertrag	34
5.2.2	Vergütung – Kündigung	34
5.2.3	Steuer- und Sozialabgaben, Urlaub, Entgeltfortzahlung	35
5.3	Der Arbeitsvertrag	36
5.3.1	Der Arbeitnehmerbegriff	37
5.3.2	Bühnenarbeitsvertrag als Zeitvertrag	38
5.3.3	Der Beschäftigungsanspruch	38
5.3.4	Steuer- und Sozialabgaben, Urlaub, Entgeltfortzahlung	39
6.	**Umsatzsteuerpflicht und Sozialabgaben**	**40**
6.1	Die Umsatzsteuerpflicht und die Befreiung von der Umsatzsteuer	40
6.2	Die Künstlersozialversicherung (KSV) – Künstlersozialkasse (KSK)	41
7.	**Der (freie) Gastspielvertrag**	**43**

8.	**Der Normalvertrag Bühne (NV Bühne)**	**44**
8.1	Der Geltungsbereich des § 1 NV Bühne	46
8.1.1	Anrufung der Gerichte	47
8.1.2	Solomitglieder in Gastspielverträgen	48
8.2	Vertragsschluss	49
8.3	Vertragsinhalt	49
8.4	Rechte und Pflichten aus dem Dienstvertrag	50
8.4.1	Mitwirkungspflicht	52
8.4.2	Rechteübertragung	52
8.4.3	Arbeits- und Ruhezeiten	53
8.4.4	Erreichbarkeit	55
8.4.5	Nebenbeschäftigung	55
8.4.6	Vergütung – Aufwendungsersatz	56
8.4.7	Sondervergütung	57
8.4.8	Sonstige Ansprüche	58
8.5	Ordnungsausschuss – Hausordnung	59
8.6	Opernchor- und Tanzgruppenvorstand	60
8.7	Urlaub	61
8.7.1	Freie Tage	61
8.7.2	Arbeitsbefreiung	62
8.8	Zusätzliche Alters- und Hinterbliebenenversorgung	62
8.9	Beendigung des Arbeitsverhältnisses	62
9.	**Haustarifvertrag**	**64**
10.	**Arbeitsrecht am Theater im Wandel der Zeiten – Ausblick**	**65**
Literaturverzeichnis		**68**

Abkürzungsverzeichnis

AHK	-	Alliierte Hohe Kommission
BAG	-	Bundesarbeitsgericht
BGB	-	Bürgerliches Gesetzbuch
BM	-	Bundesministerium
BOSchG	-	Bühnenoberschiedsgericht
BTT	-	Bühnentechnikertarifvertrag
BTTL	-	Bühnentechnikertarifvertrag Landesbühne
BSG	-	Bundessozialgericht
BVerfGE	-	Bundesverfassungsgericht
E-Musik	-	Ernste Musik
EStG	-	Einkommensteuergesetz
FN	-	Fußnote
GbR	-	Gesellschaft bürgerlichen Rechts
GG	-	Grundgesetz
GDBA	-	Genossenschaft Deutscher Bühnenangehöriger
GmbH	-	Gesellschaft mit beschränkter Haftung
KSK	-	Künstlersozialkasse
KSV	-	Künstlersozialversicherung
KSVG	-	Künstlersozialversicherungsgesetz
LSG	-	Landessozialgericht
NV	-	Normalvertrag
Rn.	-	Randnummer
SG	-	Sozialgericht
s. o.	-	siehe oben
sog.	-	sogenannt
TV-L	-	Tarifvertrag für den Öffentlichen Dienst der Länder
TVöD	-	Tarifvertrag Öffentlicher Dienst
u. a.	-	und andere
U-Musik	-	Unterhaltungsmusik

UStG	-	Umsatzsteuergesetz
usw.	-	und so weiter
v. Chr.	-	vor Christus
ZPO	-	Zivilprozeßordnung

Abbildungsverzeichnis

Abbildung 1: Klassifizierung der Theaterformen/Performing Arts   03

Abbildung 2: Theaterbetriebsformen – Organisation eines Theaters   23

Abbildung 3: Produktionsschema eines Theaters   24

1. Einleitung

„Der Applaus ist das Brot des Künstlers" – so sagt es bekanntermaßen der Volksmund. Dass dies nicht die ganze Wahrheit sein kann, wird freilich spätestens dann deutlich, wenn man den opulenten Lebensstil einiger sogenannter „Weltstars" mit dem beispielsweise wesentlich bescheideneren Lebensstil weit weniger bekannter „No-Name-Künstler"[1] vergleicht.

So galt der Star-Tenor Luciano Pavarotti schlechthin als der erfolgreichste Klassikstar aller Zeiten. Für den Auftritt während der Fußball-Weltmeisterschaft 1990 in Italien zusammen mit seinen Tenorkollegen Placido Domingo und José Carreras erhielt Pavarotti Medienberichten zufolge eine Brutto-Gage von 300.000 Dollar, die angesichts des großen Erfolges der Veranstaltung in Nachverhandlungen auf 1,5 Millionen Dollar erhöht wurde. Bei einem späteren Auftritt der drei Tenöre 1994 in Los Angeles erhielt jeder von ihnen bereits eine Gage von 2 Millionen Dollar.[2] Von solch „astronomischen Gagen" für einen einzigen Auftritt ist ein Künstler im herkömmlichen Musiktheater letztlich unerreichbar entfernt. Zum Vergleich betrug das durchschnittliche Jahreseinkommen der bei der Künstlersozialversicherung (KSV) versicherten Künstler im Jahr 2004 gerade einmal 11.078 Euro (am 01.01.2004, Quelle: KSV, Hrsg.: BM für Gesundheit und Soziale Sicherung, Bonn 2005).[3]

Sicherlich hat Rolf Bolwin, der Direktor des Deutschen Bühnenvereins recht, wenn er sagt: „ ... wer an einem Theater oder in einem Orchester arbeitet, für den ist das nicht nur Broterwerb, sondern auch Berufung; es ist die Lust auf ein Arbeitsfeld, das wie nur wenige andere Kreativität und Fantasie verlangt ...".[4] Diese Berufung und Lust auf ein kreatives Arbeitsfeld setzt aber immer auch die soziale und existenzielle Absicherung des Künstlers voraus und erfordert somit nicht nur von Seiten der Theater und Konzertdirektionen immer auch eine wirtschaftliche und rechtsorientierte Betrachtung.

---

[1] Im folgenden Text werden bei Personenbezeichnungen wegen der besseren Lesbarkeit grundsätzlich nur die männlichen Personen genannt; sie werden als Gattungsbegriffe verstanden, die stets auch die entsprechenden weiblichen Personen einschließen.
[2] Frankfurter Allgemeine, Quelle: Internet, FAZ.NET unter http://www.faz.net/-00mt4m, am 22.06.2011
[3] Fischer/Reich, § 6, Rn. 3
[4] Vgl. Bolwin, Rolf, Berufe am Theater, S. 7

Die künstlerische Tätigkeit dient daher zunächst einmal - wie jede andere Arbeit auch - grundsätzlich dem Broterwerb und der Existenzsicherung, der Applaus allein sichert verständlicherweise kaum die Existenz des Künstlers, sondern stärkt allenfalls sein Ego. Übt also ein Künstler seine Kunst aus, tut er dies mitunter natürlich immer auch im Hinblick auf seine Gage, auf die er in der Regel einen rechtlichen Anspruch hat. Rechte und Pflichten werden zwischen Künstlern und Theaterbetrieben oder Konzertveranstaltern, genauso wie in anderen Beschäftigungsverhältnissen ebenso, arbeitsvertraglich geregelt.

1.1 Eingrenzung

Die vorliegende Studie verdeutlicht zunächst, wer überhaupt als Künstler gilt und insbesondere im Rahmen der Rechtsprechung und des Gesetzes als Künstler angesehen wird. Zum besseren Verständnis folgt ein Exkurs über die historischen Hintergründe und über die Entstehung und Entwicklung der Vertragsverhältnisse mit und zwischen Künstlern und Theaterbetrieben. Im Hauptteil des Buches wird dann die heute übliche vertragsrechtliche Gestaltungspraxis am Musiktheater unter Berücksichtigung freier Gastspielverträge und den tarifvertraglichen Absprachen NV Bühne und Haustarife erörtert. Hierbei wird sich zeigen, dass Künstlerverträge nicht selten ebenso vielfältig und einfallsreich wie die Kunst an sich sind und sich Künstler, Bühnenverbände, Theaterbetriebe und Tarifpartner sehr oft schwer damit tun, ihre Interessen vertraglich zu regeln beziehungsweise gefundene Regelungen im Einvernehmen anzuwenden. Dies wiederum ruft nicht selten die Arbeitsgerichte auf den Plan und zwingt sie dazu, Rechtsklarheit zu schaffen, wie dies an einigen BAG- und Schiedsgerichtsurteilen ersichtlich wird.

1.1.1 Performing Arts – Klassifizierung

Jeder von uns hat in irgendeiner Form bereits einmal eine Theateraufführung besucht oder gesehen, und seitdem die Musical-Theater wie Pilze aus dem Boden sprießen, hat auch jeder von uns eine gewisse Vorstellung von den „Brettern, die die Welt bedeuten". Vertraglich gesehen müssen diese „Bretter, die die Welt bedeuten" jedoch näher klassifiziert werden: Theater ist nicht gleich Theater.

Das Theater teilt sich auf in drei klassische Sparten, das Sprechtheater oder Schauspiel, das Tanztheater oder Ballett und das Musiktheater. Große Theaterbetriebe vereinen teilweise die Sparten Oper - Schauspiel - Ballett und werden als sogenannter „Drei-Sparten-Betrieb" geführt, dem ein Orchester, ein Opernensemble, eine Ballettkompagnie sowie ein Schauspielensemble mit den jeweiligen Direktionen angehört (General-musikdirektor, Chordirektor, Ballettdirektor, Schauspieldirektor) und der zusammenfassend von der Intendanz als oberste Theaterleitung verwaltet und gelenkt wird.

Das Musiktheater verbindet die dramatische Handlung, welche durch Bewegung und Sprache ausgedrückt wird, mit Musik. Hierzu gehören die Oper, das Singspiel, die Operette und das Musical. Als vierte Sparte wird in jüngerer Zeit zunehmend das Kinder- und Jugendtheater genannt.[5]

Unter dem international allgemein üblichen Überbegriff „Performing Arts" (Ausübende oder Darstellende Kunst) kann daher folgende Klassifizierung festgelegt werden:

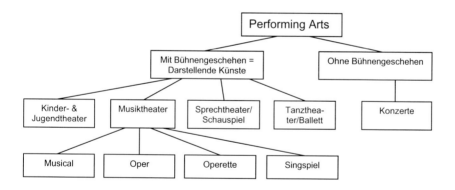

Abbildung 1: Klassifizierung der Theaterformen/Performing Arts[6]
Quelle: in Anlehnung an Hoegl (1995), S. 9

Es leuchtet ein, dass die Bedürfnisse der verschiedenen Sparten und der darin beschäftigten Personen stark differenzieren: Während beispielsweise die Oper immer auch ein

---

[5] Vgl. Abfalter, Dagmar, Das Unmessbare messen?, S. 96, Nr. 3.2.1
[6] Vgl. Abfalter, Dagmar, Das Unmessbare messen?, S. 96, Nr. 3.2.1 (Abbildung 8)

Orchester benötigt, kann ein Sprechtheater hierauf getrost verzichten. Das Ballett hingegen benötigt Musik, die unter Umständen aber auch von einem Tonträger eingespielt werden kann und nicht zwingend die Anwesenheit eines kompletten Klangkörpers (Orchester) erfordert.

Genauso vielschichtig daher auch die Bedürfnisse der jeweiligen Künstler: Der Opernsänger benötigt vor der Vorstellung beispielsweise ein Einsingzimmer mit Klavier, um durch Stimmübungen die Stimme „warmzusingen", während der Schauspieler lediglich einen Raum benötigt, in dem er vor der Vorstellung den Körper lockern kann. Der Balletttänzer hingegen braucht einen Tanzraum mit elastischem Tanzboden und gegebenenfalls mit Ballettstange und Spiegelwand, um durch Dehnübungen für die Vorstellung die Muskulatur aufzulockern und zu dehnen. Diese Beispiele könnten noch vielfach weitergeführt werden. Insgesamt wird deutlich, dass in den verschiedenen Sparten die jeweilige Kunstausübung ihre eigenen individuellen Bedürfnisse hat, insofern gestalten sich auch die jeweiligen Verträge entsprechend individuell. Alle Sparten und die damit verbundenen vertraglichen Regelungen daher detailliert zu erörtern, würde für die vorliegende Studie zu weit führen. Betrachtet werden sollen hier hauptsächlich die arbeitsvertragsrechtlichen Gestaltungsformen am Musiktheater zwischen Künstler und Theaterbetrieb, deren individuellrechtliche Einordnung durch den Normalvertrag (NV) Bühne als vertragliche Institution für festangestellte Ensemblemitglieder sowie die Gastspielverträge für externe Ensembles und Haustarife für freischaffende Gast-Künstler. In Deutschland arbeiten mehr als 38.000 Menschen fest angestellt an Theatern und Orchestern, hinzu kommen zahlreiche Gastverträge.[7] Neben den künstlerischen Berufen am Musiktheater „auf der Bühne" gibt es natürlich noch zahlreiche weitere künstlerisch/technische und nichtkünstlerische Berufe „hinter der Bühne".

Zu denken ist hier beispielsweise an die Masken- und Kostümbildner, die Tontechniker, die Bühnenbildner, die Damen und Herren der Schneiderei, die Reinigungskräfte, die Verwaltungsangestellten in den Künstlerischen Betriebsbüros, die Bühnentechniker, die Souffleusen, die Inspizienten, die Dramaturgen, die Pförtner, die Kassierer, die Garderobieren usw., um hier nur einige zu nennen. Die arbeitsvertragsrechtlichen Gestaltungen für diese Berufe am Musiktheater können in diesem Buch aufgrund der gebotenen Kürze nur

---

[7] Vgl. Bolwin, Rolf, Berufe am Theater, S. 7

teilweise am Rande berücksichtigt beziehungsweise müssen ganz vernachlässigt werden. Im Fokus dieser Untersuchung sollen insbesondere die arbeits-rechtlichen Beziehungen zwischen Bühne und ausführendem Künstler stehen.

2. Künstler und Kunst – Begriffsbestimmung

Um die vertragsrechtlichen Gestaltungsmöglichkeiten der Theater mit Künstlern näher beleuchten zu können, stellt sich zunächst die Frage, wer überhaupt Künstler ist, was den Menschen zum Künstler macht und wer sich als solcher bezeichnen darf oder kann. Vereinfacht gesagt ist logischerweise der Künstler, der Kunst ausübt. Aber was ist Kunst eigentlich? Diese überaus schwierige Frage beantwortet zum Beispiel Rudolf Kuhr, der Philosoph und Querdenker, wie er sich selbst bezeichnet in seiner Betrachtung wie folgt: „… Im weitesten Sinne ist Kunst wohl alles, was vom Menschen geschaffen wurde und keinem bestimmten praktischen Zweck dient …"[8]. Ohne diese Sichtweise weiter philosophisch vertiefen zu wollen, stößt eine solche Verallgemeinerung allerdings dann schnell an ihre Grenzen, wenn die Kunst des einen noch lange nicht die Kunst des anderen ist - und umgekehrt.

Treffender und tiefgründiger sagt es daher Adorno in seinen Aphorismen: „Kunst ist Magie, befreit von der Lüge, Wahrheit zu sein."[9] Denkt man Adornos Ansatz weiter, könnte sich vereinfacht gesagt vielleicht im weitesten Sinn ein gemeinsamer Nenner finden lassen: Kunst ist, was jeder individuell dafür hält. Hier schließt sich der Kreis und wir sind wieder bei der Frage, wer aber dann letztlich Künstler ist? Diese Frage mussten sich des öfteren auch schon die Spruchkörper diverser Gerichte stellen. Klar und deutlich – wenngleich sehr vereinfacht - sagt es das Künstlersozialversicherungsgesetz: Im Sinne des Künstlersozialversicherungsgesetzes ist gemäß § 2, S. 1 KSVG derjenige Künstler, „der Musik, darstellende oder bildende Kunst schafft, ausübt oder lehrt". Dass diese doch sehr weit gefasste Verallgemeinerung durchaus Unklarheiten aufwirft und Probleme schafft, zeigt sich beispielsweise im Steuerrecht. Das Steuerrecht sieht den Kunst- und Künstlerbegriff daher wesentlich differenzierter. Da der selbstständige, freiberufliche Künstler im Sinne

---
[8] Vgl. Kuhr Rudolf, Was ist Kunst - Eine Betrachtung mit Zitaten, 07.11.2005, Quelle: Internet unter http://www.humanistische-aktion.homepage.t-online.de/kunst.htm
[9] Vgl. Adorno, Theodor W., Minima Moralia. Reflexionen aus dem beschädigten Leben. GS Bd. 4, 254

des § 18 I Nr. 1 EStG im Gegensatz zu anderen selbstständigen Unternehmern – und als solcher gilt der selbstständig freiberufliche Künstler auch – zur Förderung von Kunst und Kultur steuerrechtlich diverse Annehmlichkeiten genießt – beispielsweise ist er von der Gewerbesteuer befreit - führt nicht selten dazu, dass viele Unternehmer dem Fiskus gegenüber vorgeben, Künstler zu sein.

2.1 Der Kunstbegriff im Sinne des Steuerrechts

Bisweilen werden daher Streitigkeiten zwischen einem (vermeintlichen) Künstler und der Finanzverwaltung vor den Finanzgerichten ausgetragen. Diese haben dann zu klären, wer eine selbstständige künstlerische Tätigkeit im Sinne des Steuerrechts ausübt und wer nicht. Es zeigt sich, dass der Kunstbegriff nur schwerlich allgemeingültig definiert werden kann. Die klare Rechtsfindung, inwieweit es die Finanzbehörden in den jeweilig unterschiedlichen Sachverhalten nun tatsächlich mit Kunst zu tun haben oder eben nicht ist auch für die Finanzgerichte oft ein schwieriger Drahtseilakt. Dennoch verwendet der Gesetzgeber den Begriff der Kunst oder der künstlerischen Tätigkeit. Folglich blieb den Gerichten nichts anderes übrig, als bei der Anwendung der Gesetze Wertungen anzustellen und darüber zu entscheiden, ob sie es mit Kunst zu tun haben oder nicht, ohne dabei die nötige Freiheit der Kunst und deren Ausübenden zu beschneiden. Darüber hinaus gibt es keinen allgemeinen Kunstbegriff im Steuerrecht.[10] Dies erleichtert nun nicht gerade die Arbeit der Finanzgerichte, wie man sich vorstellen kann. Es bleibt somit manchmal nicht aus, im Zweifel Sachverständige mit der Frage zu betrauen, wann ein Steuerpflichtiger Kunst schafft und damit eben zum Künstler wird. Versuche der Rechtsprechung, das Wesen künstlerischer Tätigkeit zu bestimmen, münden letztlich immer wieder in verallgemeinernde Kennzeichnungen und Merkmale. Die daraus entstandene Judikatur ist folglich lediglich eine Bündelung von Einzelfallentscheidungen. Seit 1991 aber geht der Bundesfinanzhof dann von einer künstlerischen Tätigkeit aus, „… wenn die Arbeiten des Steuerpflichtigen nach ihrem Gesamtbild eigenschöpferisch sind und über eine hinreichende Beherrschung der Technik hinaus eine bestimmte künstlerische Gestaltungshöhe erreichen."[11]

---

[10] Vgl. Wacker, Roland in: Schmidt, Einkommensteuergesetz, § 18, Rn. 66
[11] BFH 11.07.1991, IV R 33/90, DStR 91, 1588

Die im Sinne des Bundesfinanzhofes „über die hinreichende Beherrschung der Technik hinausgehende bestimmte künstlerische Gestaltungshöhe", die es zu erreichen gilt, macht deutlich, dass hier insbesondere der Kunstbegriff von der gewerblichen Tätigkeit abgegrenzt werden sollte.

2.1.1 Gewerbliche oder freiberufliche Kunst – Abgrenzung

Die so beschriebene künstlerische Tätigkeit gilt als freiberuflich im Sinne des § 18 I Nr. 1 EStG. Im Gegensatz hierzu wird die gewerbliche Tätigkeit gemäß § 15 II EStG anhand des Begriffes „Gewerbebetrieb" definiert als „eine selbstständige nachhaltige Betätigung, die mit der Absicht, Gewinn zu erzielen, unternommen wird und sich als Beteiligung am allgemeinen wirtschaftlichen Verkehr darstellt, wenn die Betätigung weder als Ausübung von Land- und Forstwirtschaft noch als Ausübung eines freien Berufes noch als eine andere selbstständige Arbeit anzusehen ist."
Um schließlich die Wertungsungewissheiten des jeweiligen Falles zumindest annähernd einzugrenzen, hat der Bundesfinanzhof nunmehr den Kunstbegriff differenziert und in freie Kunst auf der einen Seite und Kunstgewerbe und Kunsthandwerk auf der anderen aufgeteilt.[12] Dies schafft für die Rechtsfindung in steuerrechtlichen Fragen zumindest einigermaßen Klarheit.

2.1.2 Freie Kunst

Ein Merkmal der freien Kunst ist, dass sie keinen Gebrauchszweck hat, wie dies beispielsweise bei Kunstmalern oder Musikern der Fall ist. „Die im Rahmen der freien Kunst ausgeübte Tätigkeit, die ausschließlich auf die Hervorbringung einer ästhetischen Wirkung gerichtet ist, ist auch nach allgemeiner Verkehrsauffassung als künstlerische Tätigkeit zu werten."[13]

---

[12] BFH 14.8.80, IV R 9/77, BStBl II 81, 21
[13] Vgl. Wacker, in: Schmidt Einkommensteuergesetz, § 18, Rn. 66

2.2 Freie Kunst als Grundrecht

„Kunst und Wissenschaft, Forschung und Lehre sind frei. …" so sagt es Artikel 5 III GG. Demnach garantiert der Staat seinem Bürger in Form dieses Grundrechtes die freie Kunst-Ausübung. „Neutralität und Toleranz gegenüber einem pluralistischen Kunstverständnis können aber nicht von der Abgrenzung entbinden."[14] Notwendig ist auch hier die Unterscheidung von Kunst und Nicht-Kunst.[15] Eine Differenzierung zwischen „höherer" und „niederer", „guter" oder „schlechter" Kunst allerdings liefe auf eine unstatthafte Inhaltskontrolle hinaus.[16] Artikel 5 III GG enthält damit ein Freiheitsrecht für alle Kunstschaffenden, das sie vor dem Eingriff der öffentlichen Gewalt in den Kunstbereich schützt. Im Gegensatz zur Meinungs- und Pressefreiheit aus Art. 5 I GG, die gemäß Art. 5 II GG ihre Schranken in den Vorschriften der allgemeinen Gesetze, den gesetzlichen Bestimmungen zum Schutze der Jugend und in dem Recht der persönlichen Ehre findet, hat die Verfassung keinen Vorbehalt für die Freiheit der Kunst vorgesehen. Eine Analogie zu Art. 5 II GG lässt sich angesichts des klaren Wortlauts und des Sachzusammenhangs aus Art. 5 III GG für den Kunstbegriff nur schwerlich herleiten.[17] Dass der Kunstbegriff jedoch freilich nicht schrankenlos sein kann, ergibt sich schon aus einer Abwägung von Verfassungswerten, wie das Bundesverfassungsgericht in seinem „Mephisto-Urteil" aufzeigt.

2.2.1 Der Kunstbegriff im Sinne des Bundesverfassungsgerichtes

Dem Bundesverfassungsgericht in Karlsruhe blieb es nicht erspart, sich mit dem Kunstbegriff auseinanderzusetzen. In seinem viel zitierten „Mephisto-Beschluss"[18] von 1971 hatte sich das Bundesverfassungsgericht zum Kunstbegriff des Art. 5 III GG zu äußern. Die obersten Richter kamen zum Ergebnis, die Kunst sei ein Lebensbereich, der durch die vom Wesen der Kunst geprägten, ihr allein eigenen Strukturmerkmale bestimmt ist; das Wesentliche der künstlerischen Betätigung – so die Richter weiter - sei die freie schöpferische Gestaltung, in der Eindrücke, Erfahrungen, Erlebnisse des Künstlers durch das Medium einer bestimmten Formensprache zu unmittelbarer Anschauung gebracht wür-

---
[14] Vgl. Seifert, Karl-Heinz, Hömig, Dieter, Grundgesetz für die Bundesrepublik Deutschland, Art. 5, Rn. 25
[15] Vgl. Seifert, Karl-Heinz, Hömig, Dieter, Grundgesetz für die Bundesrepublik Deutschland, Art. 5, Rn. 25
[16] Vgl. Seifert, Karl-Heinz, Hömig, Dieter, Grundgesetz für die Bundesrepublik Deutschland, Art, 5, Rn. 25
[17] Vgl. Fischer/Reich, § 2, Rn. 14
[18] BVerfG 24.2.71, BVerfGE 30, 173, NJW 71, 1645

den;[19] eine wertende Einengung des Begriffs sei mit der umfassenden Freiheitsgarantie des Art. 5 III GG nicht zu vereinbaren.[20] Gewährleistungsschranken sind damit lediglich dort gegeben, wo die Kunstfreiheit gegen andere verfassungsrechtlich geschützte Rechtswerte verstößt.[21] „Diese Schranken müssen sich mithin aus der Verfassung selbst und als ein Ergebnis von Einzelabwägungen ergeben."[22] Zusammenfassend findet die Kunstfreiheit ihre Grenzen demnach also dort, wo Grundrechte Dritter tangiert und verfassungsrechtlich geschützte Interessen verletzt werden beziehungsweise wo sie mit Verfassungsgütern kollidiert.[23]

2.3 Der Kunstbegriff im Sinne des Bundessozialgerichtes

Das Bundessozialgericht musste sich unter anderem mit der Frage beschäftigen, inwieweit ein „Catcher" bzw. „Wrestler" Darstellende Kunst ausübt. Die betreffende Person hatte für sich in Anspruch genommen, im Bereich der darstellenden Kunst als artistischer Unterhaltungskünstler tätig zu sein. Während das Sozialgericht dem Catcher zunächst folgte und ihm Recht zusprach, waren die Kammern des Landes- und Bundessozialgerichtes hingegen anderer Rechtsauffassung. Das BSG wies darauf hin, dass es beim Catchen „um die drastische Darstellung exzessiver Gewaltanwendung" gehe. Unter dem Hinweis auf die Gesetzgebungsgeschichte und eine repräsentative Umfrage der Bundesregierung unterschied es zwischen Artistik im weiteren und im engeren Sinne. Vom Gesetz erfasst sei jedoch lediglich Artistik im engeren Sinne wie zum Beispiel bei Varieté- und Zirkuskunst (Jongleure, Trapez, Seiltänzer, Zauberer, Magiere, Dompteure, Akrobaten, Feuerschlucker, Entfesselungskünstler, Messerwerfer, Clowns, Rechenkünstler und Bauchredner). Artistik im weiteren Sinne hingegen sei beispielsweise die Tätigkeit der Steilwandfahrer, Jahrmarktsboxer und Rodeoreiter. Diesen Tätigkeiten und Aktivitäten sei das Catchen eher zuzuordnen, daher sei im Bezug auf das Catchen oder Wrestlen der Künstlerbegriff nicht einschlägig.[24]

---

[19] BVerfGE 30, 173, 188 f.; so jüngst auch BVerfGE 119, 1, 20 ff. - Roman Esra
[20] BVerfGE 81, 305
[21] Vgl. Seifert, Karl-Heinz, Hömig, Dieter, Grundgesetz für die Bundesrepublik Deutschland, Rn. 30
[22] BVerfG 30, 195; vgl. auch Fischer/Reich, § 2, Rn. 15
[23] NJW 1990, 1982 ff. (Verunglimpfung der Bundesflagge)
[24] BSG, Urteil vom 26.11.1998 - B 3 KR 12/ 97 R

2.4 „Der Künstlerbericht" der Bundesregierung

Im Jahr 1975 hat die Bundesregierung in einem sogenannten „Künstlerbericht" künstlerische Berufe katalogisiert.[25] Diese Katalogisierung hat bis heute Bestand. Zunächst wurden folgende vier Bereichs-Überbegriffe gebildet, unter die man die Künstlerischen Berufe subsumiert hat: Den Bereich Musik nämlich, den Bereich Darstellende Kunst, den Bereich Bildende Kunst/Design und schließlich den Bereich Publizistik (Wort).

Zu jedem Bereich hat die Bundesregierung für die verschiedenartigen Berufszweige der Kunst damit in ihrer Katalogisierung den Berufen die Kunsteigenschaft zu-, respektive abgesprochen. Freilich war auch dem Gesetzgeber klar, dass er sich damit auf schwierigem Terrain bewegt. In jedem Bereich hat er deshalb quasi eine Grauzone bestehen lassen, in der nach jeweiliger Einzelfallprüfung gewertet werden muss, inwieweit nun Kunst ausgeübt und geschaffen wird oder nicht. In der Musik wurden beispielsweise bei den küntlerisch-technischen Mitarbeitern sowie bei Pädagogen und Ausbildern die Künstlereigenschaft nicht von vornherein unterstellt, sondern vielmehr einer Einzelfallentscheidung überlassen.[26] Als Künstler eingeordnet und ihnen damit Künstlereigenschaft attestiert hat die Bundesregierung im Katalogbereich der Musik aber den Komponisten, Textern, Librettisten, Musikbearbeiter, Arrangeuren, Kapellmeister, Dirigenten, Chorleiter, Instrumentalsolisten in der „ernsten Musik (E-Musik)", Orchestermusiker in der „E-Musik", Opern-, Operetten-, Musicalsänger, Lied- und Oratoriensänger, Chorsänger in der „E-Musik", Sänger in der „Unterhaltungsmusik (U-Musik)", Tanz- und Popmusiker, Unterhaltungs- u. Kurmusiker, Jazz- und Rockmusiker.[27]

2.5 Fazit

Für die Finanzbehörden muss Kunst eigenschöpferisch sein und der Künstler über eine hinreichende Beherrschung der Technik hinaus eine bestimmte künstlerische Gestaltungshöhe erreichen. Für das Bundesverfassungsgericht hingegen ist Kunst ein Lebensbereich, der durch die vom Wesen der Kunst geprägten, ihr allein eigenen Strukturmerkmale bestimmt ist. Das Wesentliche der künstlerischen Betätigung sei die freie schöpferi-

---

[25] BT-Drucks 7/3071
[26] KSVG Künstlersozialversicherungsgesetz, § 2, Rn. 10
[27] KSVG Künstlersozialversicherungsgesetz, § 2, Rn. 10

sche Gestaltung, in der Eindrücke, Erfahrungen, Erlebnisse des Künstlers durch das Medium einer bestimmten Formensprache zu unmittelbarer Anschauung gebracht werden. Demgegenüber verweist das Bundessozialgericht auf § 2 Satz 1 KSVG und sagt vereinfacht mit dem Gesetzgeber, Künstler im Sinne dieses Gesetzes ist, wer Musik, darstellende oder bildende Kunst schafft, ausübt oder lehrt.

Der Gesetzgeber, so das BSG, würde im Künstlersozialversicherungsgesetz nur allgemein von "Künstlern" und "künstlerischen Tätigkeiten" sprechen. Dabei nenne er die üblicherweise unterschiedenen drei Sparten der Kunst, nämlich Musik, darstellende und bildende Kunst. Diese drei Sparten würden in ihrer Gesamtheit den Bereich der Kunst umfassen und ihn von anderen Lebensbereichen auch abgrenzen. Insofern habe der Gesetzgeber auf eine materielle Definition des Kunstbegriffs bewusst verzichtet, dieser sei vielmehr aus dem Regelungszweck des Künstlersozialversicherungsgesetzes unter Berücksichtigung der allgemeinen Verkehrsauffassung und der historischen Entwicklung zu erschließen.[28] Die Bundesregierung selbst legt in ihrem Künstlerbericht[29] ohne weitere Begründung fest, wen sie als Künstler anerkennt.

Insgesamt kann unter Würdigung der Rechtsprechung und dem Willen des Gesetzgebers folglich festgehalten werden, dass zumindest die ausführenden Personen gerade im Musiktheater Kunst ausüben beziehungsweise auch schaffen. Der Künstlerbegriff kann somit zumindest im rechtlichen Sinne ohne weitere philosophische Vertiefung unproblematisch auf diesen Personenkreis angewandt werden.

---

[28] BT-Drucks 8/ 3172, S 21
[29] BT-Drucks 7/3071

3. Exkurs: Vertragsrecht am Theater im Wandel der Geschichte

Um das heutige Vertragsrecht und die Vertragsgestaltung am Theater rechtlich einordnen zu können, bedarf es einer näheren historischen Betrachtung des Theaterrechts, das sich im Wandel der Geschichte entwickelt hat und die vertragsrechtliche Gestaltung und das Vertragsrecht von Anfang an impliziert. Das Theaterrecht selbst freilich ist zwangsläufig so alt wie das Theater selbst. Insofern folgt nun als Exkurs zum besseren Verständnis eine historische Beleuchtung des Theaterrechtes der jeweiligen Epochen von der Entstehung des Theaters bis zu ersten vertraglichen Vereinbarungen und Kodifikationen zwischen Theatereinrichtungen und ihren Künstlern.

Mit der Entstehung des griechischen Dramas beginnt auch die Kultur des abendländischen Theaters etwa im 6. Jahrhundert v. Chr.[30].

3.1 Theater in der griechischen Antike

In der griechischen Antike hatte das Theater zunächst einen religiös-kultischen und damit öffentlichen Charakter. Während die Kosten für Schauspieler und Bühnenausstattung von der Staatskasse getragen wurden, wurden die Kosten der Ausstattung, Verpflegung und Bezahlung des Chors und der Choreuten (Mitglieder des Chores) sowie der Komparsen von drei reichen Bürgern (sog. „Choregen") übernommen, die eigens hierzu ernannt und verpflichtet wurden.[31] Etwa ab Ende des 4. Jahrhunderts v. Chr. kam der Staat allein für alle anfallenden Kosten auf. Hieraus resultierten bereits rechtliche Ansprüche der Schauspieler beispielsweise auf Bezahlung gegen den Staat. Die auftretenden Künstler waren schon sehr früh Berufsschauspieler, die quasi als Solist dem Chor gegenüberstanden. Sie trugen bei den Aufführungen stets Masken und den Kothurn, einen Stiefel mit schnabelartiger Spitze.[32] Schauspieler konnte werden, wer sich nach einer Ausbildung einer staatlichen Prüfung unterzog.

---

[30] Vgl. Kurz, Hanns, Praxishandbuch Theaterrecht, Nr. 1, Rn. 1
[31] Vgl. Wikipedia: Theater der griechischen Antike, Quelle: http://de.wikipedia.org/wiki/Theater_der_griechischen_Antike
[32] Vgl. Kurz, Hanns, Praxishandbuch Theaterrecht, S. 4, Rn. 3-4

Sie besaßen einen sehr geachteten Stand mit diversen staatlich zugesicherten Annehmlichkeiten: So waren sie beispielsweise von der Steuer befreit, durften nur bei Schulden ins Gefängnis gesteckt werden und wurden teilweise sogar vom Militärdienst befreit.[33] Aber auch Konventionalstrafen zum Beispiel bei ungebührlichem Verhalten waren schon möglich. Erste Schauspiel-Genossenschaften (Synoden der dionysischen Künstler) mit demokratischer Verfassung, zu denen sich die Schauspieler zusammenschlossen, entstanden bereits im 4. Jahrhundert v. Chr.[34] Der Text wurde vor einer Aufführung zunächst amtlich geprüft und wurde dann zur Aufführung freigegeben oder abgelehnt. Eine Ablehnung war beispielsweise möglich, wenn der Text eine Verunglimpfung der Staatsführung beinhaltete. Mit dem Kauf des Manuskriptes erwarb man immer auch das Aufführungsrecht.[35]

3.2 Theater in der römischen Antike

Das erste Schauspiel auf der römischen Bühne fand erstmals 240 v. Chr. im Circus Maximus in Rom statt. Während die Künstler in der griechischen Antike noch hohes Ansehen genossen, galt nunmehr das Auftreten auf öffentlicher Bühne für Geld, um damit seinen Lebensunterhalt zu bestreiten, in der römischen Rechtsvorstellung als schändlich.[36] Für den Einsatz von Körper und Seele ließ sich der Römer nicht bezahlen, es sei denn bei athletischen Kämpfen, hier galt jedoch die Grundmotivation der Tapferkeit und dem Mut und nicht schlichtweg dem Geld, wie es für die Schauspielkunst angenommen wurde. Demzufolge wurde der Schauspielberuf auch nur von Sklaven oder Freigelassenen ausgeführt, Berufsschauspieler wurden wie Diebe oder Deserteure von politischen Rechten ausgeschlossen.

Freilich genoss man dennoch gerne die unterhaltsamen Aufführungen diverser Schauspieler. Der römische Senat entschied darüber, wem das Recht zugesprochen wurde, einen Theaterbetrieb führen zu dürfen („spectacula publice edendi ius") und konnte damit je nach Belieben eine Art Bühnenzensur betreiben.[37] Schreiber, Schauspieler und Komponisten erhielten für ihr Schaffen einen sehr geringen Lohn, der jedoch nur dann von den

---

[33] Vgl. Zünder, Ralf, Die Entwicklung der deutschen Bühnengenossenschaft von der Standesvertretung zur Gewerkschaft (1871-1924), S. 12 ff., 13 m. w. N.
[34] Vgl. Kurz, Hanns, Praxishandbuch Theaterrecht, S. 5, Rn. 6
[35] Vgl. Asmussen, Holger, Die Geschichte des Deutschen Theaterrechts, Dissertation iur. 1980, S. 42 ff.
[36] Vgl. Kurz, Hanns, Praxishandbuch Theaterrecht, S. 8, Rn. 12
[37] Vgl. Kurz, Hanns, Praxishandbuch Theaterrecht, S. 8, Rn. 14 ff.

veranstaltenden Beamten zur Auszahlung kam, wenn das aufgeführte Werk auch allgemein gefiel. Einen diesbezüglichen Entgeltanspruch gab es somit nicht.

Etwa um 74. v. Chr. übernahm nun die Staatskasse die Kosten für die Bühne und den Bühnenapparat und es vollzog sich ein Wandel im Verhältnis zwischen Theater und Öffentlichkeit. Das Ansehen der Bühnenkunst stieg wie auch die Bezahlung der Künstler. Schauspieler waren jedoch weiterhin rechtlos und blieben von städtischen Ehrenämtern ausgeschlossen. Erste Schauspiel-Genossenschaften bildeten sich jetzt in Rom (sog. Collegia oder sodalitates artificium scaenicorum).[38] Das frühe Christentum brachte für Bühnenschaffende keine wesentlichen Verbesserungen ihrer rechtlichen Situation.

3.3 Theater vom Mittelalter bis zur Neuzeit

Insbesondere die Kirche betrachtete vielmehr auch im Mittelalter das Treiben der Mimen argwöhnisch. Die Spielleute, wie man Darsteller nun nannte, waren bis ins späte Mittelalter vom Abendmahlsakrament der Kirche ausgeschlossen. Im Sinne der Kirche galten Schauspieler als „Pompa diaboli", also ein Geleit des Teufels.[39] Auch der Sachsenspiegel im 13. Jahrhundert n. Chr. (ältestes und bedeutendstes Rechtsbuch im Deutschen Mittelalter) stufte die Darsteller noch als rechtlos ein.[40] Zur gegenseitigen rechtlichen und wirtschaftlichen Unterstützung bildeten sich in Deutschland nun nach französischem Vorbild erstmals Schauspiel-Bruderschaften.
Mit den aufkommenden Passions- und Krippenspielen, zunächst eingebunden in die kirchliche Liturgie, später dann auch davon losgelöst sollte sich das Theater als Kunstform wieder durchsetzen. Freilich war es bis dahin nur Männern und Knaben vorbehalten, Bühnenrollen zu spielen; für Frauen war dies nicht „schicklich", weswegen Frauenrollen von Männern oder Knaben gespielt wurden. Im Gefolge der Renaissance im 16. Jahrhundert n. Chr. kam es speziell in Rom zur Wiederentdeckung lateinischer Komödien, berufsmäßige Vereinigungen gab es jetzt als „Commedia dell' arte" ab der Mitte des 16. Jahrhunderts. „Als erste Oper wird die um 1598 in Florenz uraufgeführte „Dafne" anzusehen

---

[38] Vgl. Kurz, Hanns, Praxishandbuch Theaterrecht, S. 11, Rn. 20
[39] Vgl. Zünder, Ralf, Die Entwicklung der deutschen Bühnengenossenschaft von der Standesvertretung zur Gewerk-schaft (1871-1924), S. 15
[40] Sachsenspiegel, Landrecht, 1. Buch XXXVIII.

sein ..."[41]. Sie verband erstmals die antike Musik mit dem aufgeführten Drama, während bis dahin Musik in Dramen und Komödien lediglich als zusammenhanglose Einlage zwischen den Akten aufgeführt wurde. Das erste öffentliche Opernhaus wurde 1637 in Venedig eröffnet. Der Erfolg war so groß, dass dort in kurzer Zeit eine Reihe weiterer Opernhäuser gebaut wurden, in denen nun auch Sängerinnen auftraten. Papst Innozenz XI. verbannte schließlich aus „moralischen Gründen" die in den Opernhäusern auftretenden Sängerinnen wieder, weswegen in Folge Kastraten nunmehr erfolgreich deren Rollen übernahmen. Mittlerweile waren Honorare für Sänger und Sängerinnen sehr hoch, Komponisten erhielten je nach Wertschätzung ihre Honorare und Librettisten verdienten am Verkauf der gedruckten Textbücher.[42]

In Deutschland entwickelten sich Ende des 16. Jahrhunderts Gruppen herumziehender Berufsschauspieler. Neben den Wandertheatern etablierten sich jetzt aber auch feste Bauten für Bühnen, die Oper und das Schauspiel (erstes Schauspielhaus 1592 in Braunschweig, erstes freistehende Opernhaus in München 1657).[43] Über die Bezahlung konnten sich insbesondere die Musiker nicht mehr beklagen, oft wurden sie besser bezahlt als Staatsbeamte. In vielen Städten Deutschlands entstanden im 17. Jahrhundert Komödienhäuser, zum Auftreten bedurfte es eines vom Landesherrn oder von den Städten gewährten Privilegs, das eine Ausnahmeerlaubnis zum Gewerbebetrieb darstellte.[44]

Sturm und Drang, Theater der Aufklärung sind in Deutschland die Schlagworte des 18. Jahrhunderts. Es entstanden zahlreiche Schauspiel- und Opernbühnen wie zum Beispiel die Semperoper am Zwinger in Dresden (1718-1719), das Opernhaus in Bayreuth (1745-1748), das Residenztheater in München (1751-1753) etc., um hier nur einige namhafte Institutionen zu nennen, die bis heute Bestand haben. Man begann an den festen Häusern und Theaterbetrieben außerdem damit, die künstlerische von der kaufmännischen Leitung zu trennen.

---

[41] Vgl. Kurz, Hanns, Praxishandbuch Theaterrecht, S. 18/19 Rn. 35 ff.
[42] Vgl. Frenzel, Herbert A.,Geschichte des Theaters, Daten und Dokumente 1470-1849, S. 58 f.
[43] Vgl. Dünnwald, Rolf, Die Rechtsstellung des Theaterintendanten, Dissertation iur. 1964
[44] Vgl. Frenzel, Herbert A., Geschichte des Theaters, Daten und Dokumente 1470-1849, S.150

3.3.1 Theaterrecht und Theatergesetze

Im 18. Jahrhundert kristallisierte sich nun erstmals ein spezifisches Theaterrecht heraus. Die Theater selbst erließen quasi im Rahmen von Hausordnungen diverse Theatergesetze, die es ihnen ermöglichte, gegen Schauspieler bei Vertragsbruch einzuschreiten. Erste diesbezügliche Bühnenengagementverträge finden sich beispielsweise 1795 am Kurfürstlich-Pfälzischen Theater in Mannheim, in dem sogar bereits eine Vertragsprolongation (Vertragsverlängerung) vereinbart wurde, sofern vor Ablauf des Kontraktes keine Kündigung erfolgen würde. Des weiteren wurde vereinbart, dass sich der Künstler den Anweisungen des Regisseurs zu unterziehen habe.[45] Zur „sozialen und rechtlichen Hebung des Standes" gründete Konrad Ekhof 1763 eine Schauspielerakademie, die allerdings nur 13 Monate bestand; auch gründete er eine Pensionskasse für Schauspieler, die dann später am Hamburger Nationaltheater von Theaterleiter Friedrich Ludwig Schröder fortgeführt wurde.[46]

Die Verträge waren lediglich auf sechs Wochen befristet, später länger, die Bezahlung sehr unterschiedlich. Die deutschen Reichsstädte sicherten sich ihre Theaterzensur nach wie vor über die Vergabe der zum Theaterbetrieb notwendigen Privilegien.

3.3.2 Das bürgerliche Theater

Die deutschen Theater des 19. Jahrhunderts waren jetzt hauptsächlich öffentliche Bühnen, deren Besucher sich aus den bürgerlichen Schichten rekrutierten. Das Theaterabonnement war bereits weit verbreitet. Nach wie vor blieb die wirtschaftliche Situation der Künstler aber ungesichert. Allerdings erreichten die Gagen von Spitzensängern an Opernhäusern bereits beachtliche Höhen.

Wesentlich rechtliche Grundsätze des Theaterrechts entstanden im Laufe des 19. Jahrhunderts. Nunmehr bedurfte es für das Führen eines Theaterbetriebes nach dem preußischen Gesetz über die polizeilichen Verhältnisse der Gewerbe eines Gewerbescheins, der freilich erst mit Genehmigung des allgemeinen Polizeidepartements erteilt wurde. Die

---

[45] Vgl. Asmussen, Holger, Die Geschichte des Deutschen Theaterrechts, Dissertation iur. 1980, S. 29 ff.
[46] Vgl. Kurz, Hanns, Praxishandbuch Theaterrecht, S. 28, Rn. 51 ff.

gewerberechtlich-polizeiliche Konzession tritt damit an die Stelle der Privilegien der privaten Theaterunternehmer.[47]

Die Verträge der jeweiligen Theater erhielten nun zahlreiche Bestimmungen zur Regelung des Verhaltens ihrer Künstler. Das betrunkene Erscheinen eines Künstlers auf der Bühne wurde so beispielsweise im Reglement für die Königlichen Schauspiele zu Berlin von 1845 im 17. Kapitel, § 201 mit einer Arreststrafe von drei bis acht Tagen bedroht. In weiteren Theaterhausgesetzen wurde zum Beispiel geregelt, dass das Verursachen von Zugluft durch das Offenlassen von Fenstern und Türen mit einer Geldstrafe von einer halben, im Wiederholungsfall einer ganzen Monatsgage bestraft wurde.[48]

Die Gewerbeordnung für das Deutsche Reich vom 21. Juni 1869 besagt, das ein Theater Gewerbe im Sinne dieses Gesetzes ist, weil es „… eine auf Gewinnerzielung gerichtete, auf Dauer angelegte, selbstständige Tätigkeit zum Gegenstand hat."[49] Theaterzensur gab es nach wie vor, sie wurde durch die Ministerialverfügung vom 16. März 1820 detailliert geregelt und verlangte für Theaterproduktionen eine vorherige Erlaubnis des Königlichen Regierungspräsidiums oder der von ihm beauftragten Personen.

3.3.3 Gründung des Bühnenvereins und der Bühnengenossenschaft

Innerhalb des 19. Jahrhunderts traten wesentliche Veränderungen im Bereich der Theaterorganisation ein, die bis in die Gegenwart anhalten. Im Jahr 1846 gründeten 32 Bühnen auf Aufruf des Oldenburger Intendanten von Gall einen Bühnenverein, der allerdings zunächst eine Art Theaterkartell war, das beispielsweise bestimmte, vertragsbrüchige Schauspieler für die Dauer von fünf Jahren nicht mehr an anderen Bühnen zu engagieren. Am 17. Juli 1871 wurde die Genossenschaft Deutscher Bühnen-Angehöriger GDBA in Weimar gegründet.[50] Ziel der Genossenschaft war es, die Arbeitsrechtsbeziehungen der Bühnenangehörigen tarifvertraglich zu regeln und sozialen Missständen abzuhelfen.

---

[47] Vgl. Frenzel, Herbert A., Geschichte des Theaters, Daten und Dokumente 1470-1849, S. 182
[48] Vgl. Kurz, Hanns, Praxishandbuch Theaterrecht, S. 30, Rn. 56
[49] Vgl. Kurz, Hanns, Praxishandbuch Theaterrecht, S. 30, Rn. 57
[50] Vgl. Herdlein, Hans, Praktizierte Solidarität, in: Bühnengenossenschaft 6-7/11, Leitartikel

3.3.4 Bildung eines Bühnenschiedsgerichtes

Die Theaterdirektionen gründeten 1846 ein Bühnenschiedsgericht für bühnenrechtliche Streitigkeiten, in dem sie zunächst allerdings alleinige Mitglieder waren. 1905 wurde das Bühnenschiedsgericht mit jeweils einem Vertreter von Arbeitnehmer- und Arbeitgeberseite paritätisch besetzt, diese wählten als Vorsitzenden einen unabhängigen Juristen. Nach diversen Meinungsverschiedenheiten und Auseinandersetzungen zwischen der Gewerkschaft Deutscher Bühnenangehöriger GDBA und Bühnenverein wurde das Schiedsgericht 1909 wieder aufgelöst.[51]

3.4 Das neuzeitliche Theater des 20. Jahrhunderts

Nach dem ersten Weltkrieg fand eine Neuordnung des Theaterrechts statt. Insbesondere arbeitsrechtliche Vertragsgrundlagen wurden in wesentlichen Teilen verändert. Am 15. Oktober 1919 erklärte das Reichsarbeitsministerium einen zuvor beschlossenen Tarif- und Normalvertrag als allgemein verbindlich, damit war im Bereich des Theaterrechts erstmals die materiellrechtliche Wirksamkeit einer gesetzlichen Regelung geschaffen.[52] Auf diesen Tarif- und Normalvertrag folgte 1924 eine überarbeitete Fassung.

Die Zwangsmitgliedschaft für Bühnenangehörige wurde abgeschafft, gleichzeitig entstanden Tarifverträge mit dem Chorsänger- und Ballettverband und eine Sonderregelung für Wanderbühnen. Für technische Bühnenvorstände wurde ein dem Normalvertrag nachempfundenes Abkommen geschaffen. Die Novemberrevolution von 1918 führte außerdem zu einer bedeutenden Änderung für das Zensurwesen. Der Aufruf des Rates der Volksbeauftragten vom 12. November 1919 beseitigte die Theaterzensur vollständig.[53]

Viele einschlägige Bestimmungen der heute gültigen Tarifverträge über die Rechte und Pflichten der Theater als Arbeitgeber und der am Theater beschäftigten künstlerischen Arbeitnehmer sind zurückzuführen auf die damaligen Vereinbarungen und haben sich nicht oder nur geringfügig verändert. Auch im heute gültigen Tarifvertrag NV Bühne finden sich noch immer Regelungen aus dieser Zeit. Eine neue Schiedsgerichtsordnung wurde 1919 auf den Weg gebracht und führte 1920 dann zu einer erneuten Einsetzung eines

---

[51] Vgl. Kurz, Hanns, Praxishandbuch Theaterrecht, S. 33, Rn. 62
[52] Vgl. Kurz, Hanns, Praxishandbuch Theaterrecht, S. 30, Rn. 64
[53] Reichsgesetzblatt RGBl. 309

paritätisch besetzten Bühnenschiedsgerichtes, das alle Streitigkeiten über Ansprüche aus dem Dienstverhältnis mit einem Theater unter Ausschluss des ordentlichen Rechtsweges zu entscheiden hatte.

3.4.1 Das Theater im Nationalsozialismus

Am 22. September 1933 wurde das Reichskulturkammergesetz erlassen, das die Gründung einer Reichstheaterkammer als Körperschaft des öffentlichen Rechts vorsah und der Aufsicht des Reichsministers für Volksaufklärung und Propaganda unterstellt wurde.[54] Damit wurden alle Theater in Deutschland der Aufsicht des Reichspropagandaministers untergeordnet. Ziel war es, das Theaterwesen und das Kulturleben ideologisch mit dem Gedankengut des Nationalsozialismus gleichzuschalten, was unter Anwendung von Zensur, Repressalien und nötigenfalls gewaltsamen Eingreifens auch weitestgehend gelang. Als Abteilung IV der Reichstheaterkammer wurde am 06. September 1935 eine staatliche „Fachschaft Bühne" gegründet, in die alle Mitglieder der Genossenschaft Deutscher Bühnenangehöriger, des Bühnenvereins und die Mitglieder des Deutschen Chorsängerverbandes und des Tänzerbundes zwangsweise eingegliedert wurden.[55] Die GDBA, die Verbände sowie der Bühnenverein wurden aufgelöst. Durch die Anordnung des Reichsarbeitsministers vom 28. März 1934 wurde die Tarifautonomie beseitigt und die Tarifverträge in sogenannte Tarifordnungen umgewandelt.[56]

3.4.2 Das Theater nach dem 2. Weltkrieg

Das Theatergesetz vom 15. Mai 1934 wurde nach Ende des Krieges durch die alliierte Militärregierung aufgehoben. In Folge versuchte man, rechtlich wie organisatorisch an die Zeit vor dem 2. Weltkrieg anzuknüpfen, wenngleich das Theater zunächst besatzungsrechtlichen Vorschriften unterworfen war. Diese Kontrolle wurde wenig später durch Art. 12 des Gesetzes Nr. 5 der AHK aufgehoben. Der Deutsche Bühnenverein und die Genossenschaft Deutscher Bühnenangehöriger wurden nun wiederbelebt und nach Ansicht der Vertragsparteien hatte das gesamte Bühnentarifvertragsrecht nach wie vor Bestand. Beide

---
[54] Vgl. Kurz, Hanns, Praxishandbuch Theaterrecht, S. 35, Rn. 69
[55] Vgl. Zünder, Ralf, Die Entwicklung der deutschen Bühnengenossenschaft von der Standesvertretung zur Gewerkschaft (1871-1924), S. 12
[56] RABl. I S. 85-86

Berufsverbände erkannten sich auf einer gemeinsamen Tagung am 23. August 1947 gegenseitig als alleinige und ausschließliche Vertretung der Bühnenleiter und Bühnenangehörigen an.[57] Das Bühnenschiedsgericht wurde ebenfalls reanimiert, dessen Grundlage nunmehr die Tarifvereinbarung für Bühnenschiedsgerichte vom 01. Oktober 1948 war. Sofern es jetzt also um Streitigkeiten zwischen Mitgliedern der Berufsverbände ging oder Nicht-Organisierte mit vertraglicher Schiedsgerichtsklausel betroffen waren, wurde damit gemäß § 101 II ArbGG von 1953 das Bühnenarbeitsrecht den ordentlichen Arbeitsgerichten entzogen und auf die Schiedsgerichte mit Sitz in Berlin, Hamburg, Köln, Frankfurt a. M. und München umgeleitet. Das Schiedsgericht in Frankfurt a. M. wurde zum Oberschiedsgericht bestimmt.[58]

4. Theaterorganisation

Die Theater selbst können als kultureller (Gewerbe-)Betrieb zahlreiche Rechtsformen besitzen. Neben privaten Theaterbetrieben gibt es in Deutschland 143 staatlich geförderte Theaterunternehmen mit 826 Spielstätten.[59] Sie werden getragen vom Staat, Land oder Kommune als Staatstheater, Landestheater und städtische Bühnen. Diese öffentlichen Theater werden als nicht-rechtsfähige oder rechtsfähige Anstalten des öffentlichen Rechts, als Regie-Betrieb (von fr. Regie = Verwaltung) oder als Eigenbetrieb geführt.[60] Privatrechtlich werden Bühnen hauptsächlich als Gesellschaft mit beschränkter Haftung (GmbH), als BGB-Gesellschaft oder als Verein etc. geführt.

4.1 Rechtsformen

4.1.1 Der Eigenbetrieb – der Regiebetrieb

„Der Eigenbetrieb unterscheidet sich vom Regiebetrieb im wesentlichen dadurch, dass grundsätzlich vom Gesetzgeber (Gemeindeordnung und Eigenbetriebsverordnung) eine gewisse Organisationsstruktur verbindlich vorgegeben wird."[61] Der Eigenbetrieb ist zwar

---
[57] Vgl. Kurz, Hanns, Praxishandbuch Theaterrecht, S. 38, Rn. 74
[58] § 3 Tarifvertrag vom 30.03.1977
[59] Vgl. Finn, Ulrike, S. 10, Nr. 3.2.
[60] Vgl. Kurz, Hanns, S.43, Rn. 1
[61] Kurz, Hanns, S. 46, Rn. 5

ebenfalls wie der Regiebetrieb rechtlich an den Träger gebunden, er ist jedoch in seinem Eigenvermögen autonom, also getrennt vom Vermögen der jeweiligen Gebietskörperschaft zu verwalten und muss eine doppelte Buchführung im Rahmen seines Rechnungswesens einhalten.

Regiebetriebe hingegen werden von der öffentlichen Verwaltung getragen. Die Wirtschaftsführung des Regiebetriebs richtet sich nach der Haushaltssatzung der Gebietskörperschaft. Einnahmen und Ausgaben des Theaters finden Niederschlag in den Summen der Kulturbehörde des jeweiligen Haushaltsplans und unterliegen also der Kameralistik (nachgewiesene Haushalts- und Rechnungsführung).

4.1.2 Die Gesellschaft mit beschränkter Haftung (GmbH)

Heutzutage wird ein Theaterbetrieb vermehrt privatrechtlich als Gesellschaft mit beschränkter Haftung (GmbH) geführt. Die Rechnungsführung unterliegt handelsrechtlichen Vorschriften, beispielsweise muss eine kaufmännische Buchführung eingehalten werden. Dies kann zum einen die Flexibilitätsgewinne erhöhen, da Gewinne in andere Jahre losgelöst von der Kameralistik verschoben werden können, andererseits kann der GmbH die Insolvenz drohen. Die GmbH wird durch einen Geschäftsführer geführt und ist als juristische Person rechtsfähig.

4.1.3 Die Gesellschaft bürgerlichen Rechts (GbR)

Wird der Kulturbetrieb als Gesellschaft bürgerlichen Rechts (GbR) geführt, sind die Gesellschafter Theatereigner, die zum Beispiel gesamtschuldnerisch haften.[62] Die BGB-Gesellschafter müssen im Sinne des § 705 ff. BGB einen gemeinsamen Zweck verfolgen. Ein Theaterbetrieb in der Rechtsform der GbR findet sich in der deutschen Theaterlandschaft jedoch eher selten, meist nur bei privat initiierten Kleinkunstbühnen (Kellertheatern, Kabarett usw.). Die GbR ist keine juristische Person. Inwieweit die GbR rechtsfähig ist, ist strittig. In seiner Entscheidung vom 29. Januar 2001 hat der Bundesgerichtshof jedenfalls

---

[62] Vgl. Klunzinger, Eugen, § 4 Nr.2 ff.

die Rechtsfähigkeit der GbR bejaht, soweit sie am Rechtsverkehr teilnimmt und damit eigene Rechte und Pflichten begründet.[63]

4.1.4 Der Verein

Das Theater kann aber auch als wirtschaftlicher Geschäftsbetrieb[64] oder nichtwirtschaftlicher Verein (Förderverein) geführt werden. Denkbar ist dies zum Beispiel bei einem Laien-Theater, dessen Betrieb mit ehrenamtlich und unentgeltlich tätigen Laien geführt wird. Die Vereins-Bühne selbst kann je nach Bedarf zum Beispiel für die Hauptrollen auch ausgebildete Sänger, Schauspieler oder Tänzer entgeltlich vorübergehend oder fest engagieren, die Kosten werden in der Regel aus Eintrittsgeldern und privaten Fördermitteln (Sponsoren etc.) bestritten. Gemäß § 26 I BGB benötigt der Verein nach gesetzlicher Vorschrift einen Vorstand. Der Verein ist juristische Person.

4.2 Daten und Fakten

Die Führung und Organisationsstruktur eines Theaters ist also abhängig von seiner Rechtsform. Je nach Rechtsform finden die spezifischen Regelungen und Vorschriften des jeweiligen (Gesellschafts-)Rechts Anwendung, die zumindest verwaltungstechnisch und rechtlich berücksichtigt werden müssen. Insgesamt gibt es in Deutschland ca. 63.000 Aufführungen pro Jahr mit etwa 5.000 Inszenierungen. Die deutsche Theaterlandschaft kann jährlich einen Zuschauerstrom von rund 21 Millionen Besuchern verbuchen. Über 38.000 Menschen sind an den Theatern fest angestellt, weitere 20.000 Personen sind mit Gast- oder Werkverträgen vorübergehend an den Bühnen beschäftigt. Alle Beschäftigten beanspruchen ca. 80 bis 85 Prozent der Gesamtkosten, etwa zwei Drittel entfallen auf das Personal auf und hinter der Bühne, der Rest verteilt sich auf das technische Personal und die Verwaltung.[65] Unter privater Führung werden in Deutschland 179 Theater hauptsächlich als GmbH betrieben, daneben als eingetragener Verein. Die privaten Bühnen verzeichnen bei ca. 42.000 Veranstaltungen rund 8.000 Besucher.[66]

---

[63] BGH, Urteil vom 29.01.2001 (II ZR 331/00)
[64] Vgl. Palandt, § 21, Rn. 1f.
[65] Vgl. Finn, Ulrike, S. 11, Nr. 3.2 f.
[66] Vgl. Finn, Ulrike, S. 11, Nr. 3.2 f.

4.3 Organisationsaufbau am Theater

Die folgende Abbildung zeigt den strukturierten Organisationsaufbau eines Theaterapparates:

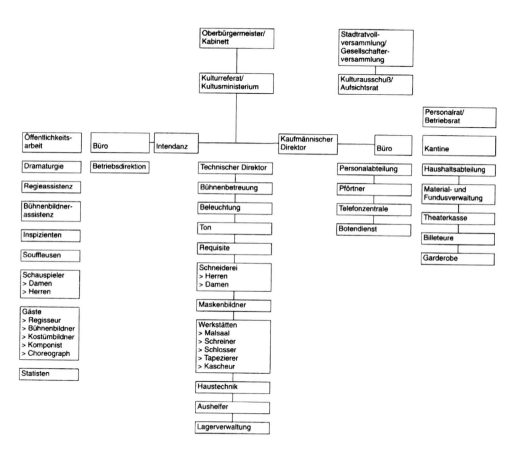

Abbildung 2: Theaterbetriebsformen – Organisation eines Theaters
Quelle: Kurz, Hanns, Praxishandbuch Theaterrecht, S. 53

4.3.1 Von der Idee zur Produktion

Die folgende Abbildung zeigt detailliert den Entstehungsweg einer Bühnenproduktion von der Idee gewissermaßen bis zur fertigen Aufführung:

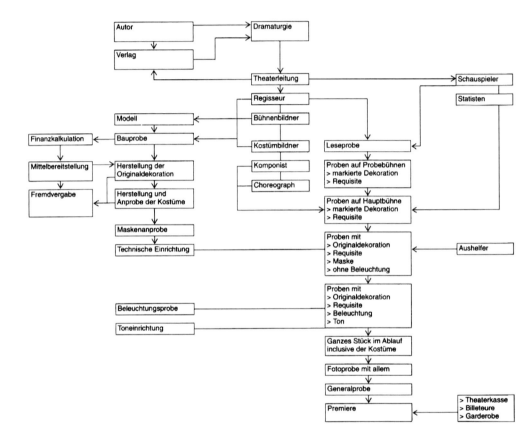

Abbildung 3: Produktionsschema eines Theaters
Quelle: Kurz, Hanns, Praxishandbuch Theaterrecht, S. 54

5. Die heute maßgeblichen Vertragsformen

Für ein Theater, insbesondere ein Musiktheater, gibt es verschiedene Möglichkeiten, seine Künstler und Beschäftigten vertraglich zu verpflichten.
Wie bereits erwähnt, arbeiten in Deutschland insgesamt mehr als 38.000 Menschen fest angestellt an Theatern und Orchestern, hinzu kommen rund 20.000 Gastverträge und Haustarife ohne feste Anstellung.

Alle Beschäftigten am Theater haben in der Regel in irgendeiner Form mit dem jeweiligen Bühnenbetrieb, an dem sie tätig sind, eine vertragliche Bindung. Dabei gilt es, je nach Art und Umfang der Tätigkeit die verschiedenen Vertragsformen zu differenzieren, da sie sich nach ihrem Wesen inhaltlich unterscheiden und damit zu verschiedenen vertragsrechtlichen Ansprüchen und Ergebnissen führen können.

5.1 Der Werkvertrag

Die Rechtsbeziehungen, die sich aus dem Werkvertrag ergeben, sind in den §§ 631 bis 651 BGB geregelt. Der Werkvertrag ist zunächst ein gegenseitiges, also im juristischen Sinne ein synallagmatisches Vertragsverhältnis.

Gegenstand des Werkvertrages im Sinne des § 631 I BGB ist die Verpflichtung des Unternehmers zur Herstellung des versprochenen Werkes. Der Besteller ist zur Abnahme verpflichtet – es sei denn, es liegt ein Mangel vor – und muss die vereinbarte Vergütung entrichten.[67] Gemäß § 631 II BGB wird ein bestimmter herbeizuführender Erfolg geschuldet, der i. V. m. § 633 I BGB rechtzeitig und mangelfrei hergestellt werden muss. Der Vertragspartner des Werkvertrags ist verpflichtet, seine Leistung selbstständig zu erbringen, er muss also zumindest überwiegend wirtschaftlich und sozial selbstständig, unabhängig und eigenverantwortlich handeln.[68]
In diesem Zusammenhang ist fraglich, ob der Unternehmer persönlich zu leisten hat. In der Regel richtet sich dies nach der jeweiligen Vereinbarung beziehungsweise nach Natur,

---
[67] Creifelds Rechtswörterbuch, Werkvertrag S. 1562 ff.
[68] Kurz, Hanns, S. 101, Rn. 2

Art und Umfang des zu erbringenden Werkes.[69] Üblicherweise werden Werkverträge im Musiktheater nur mit den Kostüm- und Bühnenbildnern sowie den Regisseuren (sog. Gastspielwerkverträge) geschlossen,[70] denkbar wären Werkverträge auch zwischen Theatern und nicht hauseigenen Fotografen oder nicht angestellten Handwerksbetrieben etc.

Mit den auftretenden Künstlern im Musiktheater werden dementgegen üblicherweise Dienst- oder Arbeitsverträge geschlossen, da diese an der Werkerstellung oder Aufführung lediglich mitwirken und nicht insgesamt werkschöpfend tätig werden.[71] Werkschöpfend tätig wird ein Künstler allerdings dann, wenn er nicht nur ein bloßes Wirken, sondern vielmehr einen Erfolg schuldet.[72] Dies bedeutet im einzelnen, dass der Opernsänger im Musiktheater neben vielen anderen Kollegen lediglich mitwirkend an einem Gesamtwerk, nämlich der Opernaufführung als solche, tätig ist (er schuldet also nicht den Erfolg des gesamten Werkes), während beispielsweise bei einem so genannten Konzert- oder Aufführungsvertrag ein engagierter Sänger gerade werkschöpfend tätig wird und einen solchen Erfolg schuldet.[73] Solche als Werkvertrag qualifizierte Konzert- oder Aufführungsverträge werden regelmäßig zwischen Veranstalter und Künstler bei beispielsweise einmaligen Events geschlossen. Welche Schwierigkeiten und rechtlichen Konsequenzen sich hieraus ergeben können, soll an folgendem Beispiel aus dem Pop-Business verdeutlicht werden:

Fast schon legendär geworden ist ein Textpatzer der deutschen Popsängerin Sarah Connor. Diese war gebeten worden, während eines Eröffnungs-Fußballtuniers in der Allianz-Arena in München im Mai 2005 vor dem Anpfiff die Deutsche Nationalhymne zu singen.

Das „Lied der Deutschen" wurde aber aus Aufregung und Nervosität, wie Sarah Connor später der Presse immer wieder entschuldigend mitteilte, kurzerhand von ihr umgedichtet. Statt „Blüh' im Glanze dieses Glückes ..." – wie der Autor Hoffmann von Fallersleben dies

---

[69] Palandt, § 631, Rn. 12 f.
[70] Vgl. Herdlein, Hans, Alphabet der Theaterpraxis, S. 72
[71] Palandt, Einf. v. § 631, Rn. 29
[72] Eventrecht kompakt, S. 25 a) ff.
[73] Palandt, Einf. v. § 631, Rn. 29

original einst in der 3. Strophe des Liedes vorsah, sang Connor nun „Brüh im Lichte dieses Glanzes ...".[74]

Die vertragsgemäß zu erbringende Leistung war die gesangliche Darbietung der Deutschen Nationalhymne, allein zu diesem Zweck wurde Connor an diesem Abend vom Veranstalter engagiert. Die Hymne sollte überdies „a capella", also ohne Begleitung gesungen werden, Connor sollte hier, da allein für den Erfolg verantwortlich, somit werkschöpfend tätig werden. Im vorliegenden Fall ist daher davon auszugehen, dass das Management der Popsängerin mit den Veranstaltern des Fußballturniers üblicherweise einen Werkvertrag geschlossen hat. Damit hat Connor gemäß § 631 II BGB einen bestimmten herbeizuführenden Erfolg geschuldet, der i. V. m. § 633 I BGB im übrigen rechtzeitig und vor allem mangelfrei hätte hergestellt werden müssen. Weitergehend wäre der Besteller gemäß § 640 I BGB verpflichtet gewesen, das Werk auch abzunehmen. Im übrigen weist § 640 I BGB explizit darauf hin, dass wegen unwesentlicher Mängel die Abnahme nicht verweigert werden kann.

Damit drängen sich hier zwei Fragen auf:

Zunächst muss geklärt werden, wann ein Werk eines Künstlers als abgenommen gilt und wann ein Mangel wesentlich oder unwesentlich ist. Bei Theater- und Konzertaufführungen wird davon ausgegangen, dass nach der Beschaffenheit des Werkes die Abnahme ausgeschlossen ist.[75] Demnach tritt gemäß § 646 BGB an die Stelle der Abnahme die Vollendung des Werkes. Da man nun freilich bei einem solch gravierenden Textpatzer innerhalb einer einzigen Strophe, der den Inhalt und die Aussage des Werkes völlig verfremdet, jedoch kaum mehr von einem unwesentlichen Mangel sprechen und infolgedessen nicht mehr von einem mangelfreien Werk ausgehen kann, hat demnach der Besteller, wenn die Voraussetzungen der folgenden Vorschriften vorliegen und soweit nicht ein anderes bestimmt ist,

- nach § 635 Nacherfüllung verlangen können (nutzlos im vorliegenden Fall, da das Fußballspiel und damit die gesamte Veranstaltung ja nicht wiederholt werden konnte. Damit war für den Gläubiger eine Nacherfüllung zu einem späteren Zeitpunkt sinn- und

---

[74] Spiegel Online, „Brüh im Lichte", Beitrag vom 02.06.2005, unter: http://www.spiegel.de/panorama/0,1518,358515,00.html (Zugriff am 04.06.2011, 14:53 Uhr)
[75] Vgl. Palandt, § 646, Rn. 1

zwecklos. Im übrigen sollte gerade dieses bestimmte Eröffnungsspiel durch den Auftritt der „Pop-Diva" Connor hervorgehoben werden, die Veranstaltung hatte insofern Fixgeschäft-Charakter),

- nach § 637 den Mangel selbst beseitigen und Ersatz der erforderlichen Aufwendungen verlangen können (ebenfalls abwegig, da die Liveaufführung eines musikalischen Werkes grundsätzlich eine nicht reproduzierbare Momentaufnahme ist und Mängel zum Zeitpunkt ihres Auftretens damit schwerlich selbst beseitigt werden können),

- nach den §§ 636, 323 und 326 Abs. 5 von dem Vertrag zurücktreten oder nach § 638 die Vergütung mindern und

- nach den §§ 636, 280, 281, 283 und 311a Schadensersatz oder nach § 284 Ersatz vergeblicher Aufwendungen verlangen können.

Letztere Gesetzesalternativen (Rücktritt, Minderung und Schadensersatz) hätten sich möglicherweise durchsetzen lassen.

Hierbei muss allerdings berücksichtigt werden, dass der Künstler innerhalb des Werkvertrages zwar einen Erfolg schuldet, damit ist jedoch nicht der künstlerische Erfolg im Sinne positiver Kritik und Beifallsbekundungen gemeint, sondern lediglich die Konzertaufführung oder künstlerische Darbietung als solche.[76] Inwieweit diese durch den Textpatzer tatsächlich mangelhaft war, hätte unter Umständen juristisch im einzelnen geklärt werden müssen, jedoch sprechen die Fakten durchaus dafür.

Weiter hätte man auch bedenken müssen, dass die einzelnen in § 634 BGB genannten Rechte nicht gleichberechtigt nebeneinanderstehen, vielmehr liegt juristisch zunächst ein Stufenverhältnis zwischen dem Recht auf Nacherfüllung (§ 634 BGB Nr. 1) und den übrigen Rechtsbehelfen vor.[77]

---

[76] Eventrecht kompakt, S. 25 a) ff.
[77] Busche in Münchener Kommentar zum BGB, § 634

§ 634 BGB schreibt dies in seinem Wortlaut zwar nicht unmittelbar vor, dieses Stufenverhältnis resultiert jedoch aus dem Umstand, dass die Befugnis zur Selbstvornahme (§ 634 Nr. 2 BGB), das Recht zum Rücktritt bzw. zur Minderung (§ 634 Nr. 3 BGB) sowie der Schadensersatzanspruch (§ 634 Nr. 4 1. Fall BGB) und der Anspruch auf Ersatz vergeblicher Aufwendungen (§ 634 Nr. 4, 2. Fall BGB) tatbestandlich jeweils erst nach erfolgloser Fristsetzung zur Nacherfüllung bestehen.[78]

Ob und welche werkvertraglichen Rechtsansprüche der Veranstalter gegen Sarah Connor tatsächlich in Folge geltend gemacht hat, ist nicht bekannt.

Die Engagementverträge zwischen Musiktheater und Künstler sind regelmäßig keine Werkverträge. Würden hier tatsächlich Werkverträge vorliegen, dürften einem Opernsänger unter den werkvertraglichen Voraussetzungen beispielsweise in einer mehrstündigen Oper keine Text- oder Melodiefehler unterlaufen. Er müsste überdies nach Möglichkeit immer exakt im Rhythmus sein, es dürften keine Einsatzfehler passieren, abgesehen davon müsste er eine gewisse Lauf- und Spielfolge der Regie exakt einhalten, und dies wohlgemerkt alles auswendig.

Bei Richard Wagners Tetralogie „Ring des Nibelungen", bestehend aus den vier Opern „Das Rheingold, Die Walküre, Siegfried und Götterdämmerung", die an vier Abenden jeweils mehrere Stunden aufgeführt werden, würde man einem daran teilnehmenden Opernsänger unter der „Knechtschaft" werkvertraglicher Mängelansprüche quasi ein unmenschliches Leistungspotenzial abverlangen.

Verständlicherweise würde ein ausführender Künstler (Sänger, Darsteller) nur ungern ein solches Vertragsverhältnis eingehen, da in der Regel äußerst selten ein Werk live so aufgeführt wird, wie es tatsächlich in der Partitur des Komponisten, im Libretto des Autors und in der Inszenierung des Regisseurs ursprünglich gedacht war. Mit anderen Worten: In einer mehrstündigen Live-Musiktheater-Produktion kommt es immer wieder zu kleineren und auch größeren Fehlern, die manchmal zum Beispiel nur deswegen schon zustande kommen können, weil ein Orchesterinstrument nicht optimal gestimmt wurde.

---

[78] Busche in Münchener Kommentar zum BGB, § 634

Darum werden, wie eingangs erwähnt, Werkverträge üblicherweise von den Theatern nur mit den Kostüm- und Bühnenbildnern sowie den Regisseuren geschlossen.[79] Dies macht insofern Sinn, als dass Kostüm- und Bühnenbildner immer ein vorgegebenes Werk abzuliefern haben (das Designen und Schneidern der Kostüme und das Entwickeln und Entwerfen des Bühnenbildes nach den Vorgaben der Regie oder Theaterleitung). Auch der Regisseur hat ein Werk herzustellen: Es ist seine Aufgabe, ein Theaterstück bzw. eine Oper nach seinen Ideen zu inszenieren und auf der Bühne das Werk entsprechend unter Zuhilfenahme des Theaterapparates in die Realität umzusetzen.

Schließt ein Theater nun mit einem Gast-Regisseur einen Werkvertrag (Gastspielwerkvertrag), versteht es sich außerdem von selbst, dass der Regisseur in der Regel die Leistung persönlich zu erbringen hat, wenngleich er sich diverser Helfer (Regieassistenten) bedienen darf.

Dies wird insbesondere bei der Verpflichtung namhafter und aus Funk und Fernsehen bekannter Künstler deutlich. Hier hätte das Musiktheater sicherlich kein Interesse daran, dass statt des beauftragten namhaften Regie-Stars ein unbekannter Künstler quasi in Vertretung die Leistung erbringt. Gerade mit Inszenierungen von bekannten Regisseuren versucht ein Theater gewissermaßen immer wieder, zum einen Besucher anzulocken und sich zum anderen innerhalb der internationalen Theaterszene als Spielbetrieb (auch finanziell) zu behaupten, was unter dem fortschreitenden Zusammenstreichen kommunaler und staatlicher Subventionen an den Kulturbetrieben immer mehr an Bedeutung gewinnt.

5.1.1 Die Eingliederung

Zur Selbstständigkeit im Sinne des Werkvertrages gehört es, dass der Unternehmer über die Tätigkeit und Arbeitszeit frei bestimmen, er also über seine Arbeitskraft frei verfügen kann.[80] Im Musiktheater macht dies dann regelmäßig Schwierigkeiten, wenn etwa ein Regisseur für eine Opernproduktion werkvertraglich für die Inszenierung verpflichtet wird, dieser dann aber seine Tätigkeit nur gemeinsam mit den Opernsängern, dem Orchester und den Bühnenarbeitern in einem meist engen und vorgegebenen Zeitfenster ausüben

---
[79] Vgl. Herdlein, Hans, Alphabet der Theaterpraxis, S. 72
[80] Kurz, Hanns, S. 101, Rn. 2

kann und damit seine Arbeitsleistung grundsätzlich nur in Verbindung mit dem gesamten Theaterapparat möglich ist. Bleibt dem Regisseur jedoch die Dispositionsfreiheit für seine Tätigkeit und bedient er sich etwa nur des Theaterapparates zur Ausübung seiner Arbeit (was in der Regel der Fall ist), liegt keine Eingliederung in den Theaterbetrieb vor.[81]
Die vertragliche Festlegung eines zeitlichen Rahmens für die Erbringung der vereinbarten Leistungen im Betrieb reicht als Vorgabe von äußeren Umständen, wann und wo die geschuldeten Arbeiten durchzuführen sind, mithin nicht aus, um von einer Eingliederung in die entsprechende Organisation auszugehen.[82]

5.1.2 Das Unternehmerrisiko

Im Sinne werkvertraglicher Regelungen ist es im übrigen unabdingbar, dass der Vertragspartner das Unternehmerrisiko rechtlich und auch tatsächlich trägt. Kommt das Werk nicht zustande (z. B. das Inszenierungswerk, der Bühnenbildentwurf usw.), entfällt auch der Vergütungsanspruch, es sei denn, der Besteller, also das Theater hätte die Umstände zu vertreten, warum die Leistung nicht möglich ist.[83]

5.1.3 Kündigung - Vergütung

Gemäß § 649 S. 1 BGB kann der Besteller bis zur Vollendung des Werkes den Werkvertrag ohne jede Begründung kündigen. Dann kann der Werkvertragspartner allerdings die vereinbarte Vergütung verlangen. Ersparte Aufwendungen infolge der Vertragskündigung beziehungsweise Einnahmen durch anderweitige Verwendung seiner Arbeitskraft muss er sich freilich anrechnen lassen, dies gilt auch für die böswillig unterlassene Verwendung seiner Arbeitskraft.[84] Ein Vergütungsanspruch entfällt fernerhin auch, wenn der Unternehmer dem Besteller einen wichtigen Grund zur Kündigung gegeben hat oder aber die bisherigen Teilleistungen grobe Mängel aufweisen. Wird der Werkvertrag einvernehmlich aufgehoben und es wurde keine andere Vereinbarung zur Vergütung getroffen, entfällt diese ebenfalls.

---

[81] Vgl. Kurz, Hanns, S. 102, Rn. 2 f.
[82] Vgl. Arbeitsrecht, Kapitel 3, Rn. 4469
[83] BSG 12. Senat, Urteil vom 24.06.1981 – 12 RK 35/80
[84] Vgl. Musielak, § 7, Rn. 661

Gemäß § 650 BGB hat das Theater ein spezielles Kündigungsrecht, wenn mit dem Vertragspartner ein Kostenanschlag vereinbart wurde, ohne dass dieser die Gewähr für die Richtigkeit des Anschlages übernommen hat und eine wesentliche Überschreitung der Endsumme unvermeidbar ist.

5.1.4 Steuer- und Sozialabgaben, Urlaub, Entgeltfortzahlung

Gemäß §§ 1, 2, 18 I Nr. 1, 25 EStG ist beim Werkvertrag der Vertragspartner selbst einkommensteuererklärungs- und einkommensteuerpflichtig, demnach hat das Theater keine Lohnsteuer einzubehalten. Der Unternehmer hat nach dem Umsatzsteuergesetz die Vergütung aus dem Werkvertrag entweder als gewerbliche oder als freiberufliche Einkünfte zu versteuern.

Wie eingangs erläutert, ist eine künstlerisch selbstständig ausgeübte Tätigkeit jedoch regelmäßig eine freiberufliche. Sie liegt im Sinne des Bundesfinanzhofes dann vor, wenn die Arbeiten eine über die hinreichende Beherrschung der Technik hinausgehende bestimmte künstlerische Gestaltungshöhe erreichen. Ohne das Vorliegen dieser Voraussetzungen handelt es sich allerdings regelmäßig um eine gewerbliche Tätigkeit, deren Einnahmen als Einkünfte aus dem Gewerbebetrieb versteuert werden müssen und überdies gegebenenfalls eine Gewerbesteuer abgeführt werden muss.[85]

Der Werkvertragspartner ist gemäß §§ 18 ff. UStG grundsätzlich umsatzsteuerpflichtig, sofern er nicht zum Beispiel im Rahmen der Kleinunternehmerregelung (§ 19 ff. UStG, siehe auch 5.3) von der Umsatzsteuer befreit ist. Inwieweit sich die Vergütung des Theaters inklusive oder exklusive der Umsatzsteuer versteht, ob die Umsatzsteuer also zur Vergütung noch „on top" gezahlt wird oder nicht, ist Verhandlungssache der Vertragsparteien.

Ist keine Vereinbarung getroffen, muss das Theater unter Umständen die Umsatzsteuer zur Vergütung hinzubezahlen. Im Zweifel jedoch wird von einer Bruttogage inklusive der Umsatzsteuer ausgegangen.[86] Die Umsatzsteuer von derzeit 19 % hat der Unternehmer an das zuständige Finanzamt abzuführen, sofern er seinen ständigen Wohnsitz im Inland, also in Deutschland hat.

---
[85] Vgl. Kurz, Hanns, S. 103, Rn. 8
[86] Vgl. Kurz, Hanns, S. 104, Rn. 8 f.

Hat der Unternehmer seinen ständigen Wohnsitz im Ausland, ist er in Deutschland nur beschränkt einkommensteuerpflichtig. In diesem Fall wird eine Einkommensteuer gemäß § 50a IV Satz 1 Nr. 2, VII EStG bereits vom Theater einbehalten und an die zuständigen Finanzbehörden abgeführt. Besteht ein Doppelbesteuerungsabkommen mit dem Wohnsitzland des Unternehmers, kann dieser gemäß § 50d III EStG beim Bundesamt für Finanzen eine Steuerbefreiung beantragen.

Eine Pflicht zur Entrichtung von Sozialabgaben besteht für das Theater und den Werkvertragspartner nicht.[87] Die Vertragspartner haben jedoch Beiträge zur Künstlersozialversicherung gemäß § 24 I S. 1 Nr. 2 KSVG zu entrichten, da sie Theater betreiben. Dies gilt auch dann, wenn sich der Unternehmer für Theateraufführungen nicht eines eigenen Ensembles bedient sondern hierzu fremde Theatergruppen heranzieht.[88] Der Begriff Theater gilt in diesem Zusammenhang für Schauspiel, Ballett und Oper ebenso wie für Marionettentheater und Schattenspiele.[89] Abschließend ist noch festzuhalten, dass der Werkvertragspartner keinen Anspruch auf Urlaub oder Entgeltfortzahlung im Krankheitsfall hat.

5.2 Der Dienstvertrag

Ein Musiktheater schließt regelmäßig mit seinen Beschäftigten auch sogenannte Dienstverträge. Hierbei muss differenziert werden, ob es sich zunächst um einen freien, damit selbstständigen und unabhängigen Dienstvertrag handelt oder ob ein unselbstständiger, also abhängiger Dienstvertrag geschlossen werden soll.

Der unselbstständige und abhängige Dienstvertrag ist klassisch als Arbeitsvertrag gekennzeichnet. Das Wesen des Dienstvertrages ist gesetzlich in den §§ 611 bis 630 BGB normiert. Gemäß § 611 I BGB wird durch den Dienstvertrag derjenige, der Dienste zusagt, zur Leistung der versprochenen Dienste, der andere Teil zur Gewährung der vereinbarten Vergütung verpflichtet. Im Gegensatz zum Werkvertrag also, dessen Gegenstand die Herstellung eines bestimmten Werkes ist, ist die Vertragsgrundlage des Dienstvertrages nunmehr die Erbringung einer vereinbarten (un-)abhängigen Tätigkeit, folglich also einer

---
[87] Vgl. Kurz, Hanns, S. 105, Rn. 10
[88] KSVG, § 24, Rn. 70
[89] KSVG, § 24, Rn. 69

Dienstleistung.[90] Entsprechend Absatz II des § 611 BGB können Gegenstand des Dienstvertrages Dienste jeder Art sein. Die Dienste innerhalb des Dienstvertrages sind im übrigen gemäß § 613 BGB persönlich zu erbringen.

5.2.1 Der freie Dienstvertrag

Dienstvertrag und Werkvertrag auseinanderzuhalten, ist nicht immer einfach. Je nach Vertragsgestaltung kann für die jeweils vereinbarten Leistungen entweder ein Dienstvertrag, ein Werkvertrag oder gar ein gemischttypischer Vertrag vorliegen.[91] Üblicherweise entscheidet sich die jeweilige Einordnung nach der Bestimmung des Vertragszwecks, bei der innerhalb des Werkvertrages das Ergebnis entscheidend ist, beim Dienstvertrag die typischerweise nach Zeit zu messende Tätigkeit.

Bei einem freien, also selbstständigen Dienstvertrag schuldet der Künstler als Dienstleistungsverpflichteter dem Veranstalter oder Musiktheater lediglich seine künstlerische Tätigkeit als solche.[92] Dies bedeutet aber nicht, dass nicht auch hier ordnungsgemäße Dienst- und Arbeitsergebnisse vorgeschrieben sind und auch erwartet werden.

5.2.2 Vergütung - Kündigung

Die Vergütung ist anders als beim Werkvertrag allerdings nicht an das Vorliegen eines vertragsgemäßen Ergebnisses gebunden. Ein mangelhaftes Ergebnis führt allenfalls zu einer positiven Vertragsverletzung und damit zu Ersatzansprüchen nach den Vorschriften der §§ 280 ff. BGB oder aber über eine außerordentliche Kündigung zur Vertragsauflösung.[93]

Grundsätzlich wird bei einem Dienstvertrag die Vergütung nach Zeitabschnitten bezahlt, kann aber gemäß § 614 BGB auch nach der Leistung der Dienste zu entrichten sein. Ist im Dienstvertrag keine genaue Terminierung vereinbart, kann sich eine solche unter Umständen jedoch dennoch aus der Beschaffenheit oder dem Zweck der vereinbarten Dienste

---

[90] Müller-Glöge in Münchener Kommentar zum BGB, § 611, Rn. 22
[91] Vgl. Jauernig, Kommentar zum Bürgerlichen Gesetzbuch, vor § 611, Rn. 27
[92] Eventrecht kompakt, S. 28 b)
[93] Kurz, Hanns, S. 106, Rn. 12

gemäß § 620 II BGB ergeben. Interessanterweise hält sich bei der Vergütung der Künstler im freien Gastspieldienstvertrag an vielen Opernhäusern und Theatern noch heute ein Relikt aus längst vergangenen Theatertagen:
Trotz heutzutage üblicher bargeldloser Zahlungsmöglichkeiten erhalten viele Gast-Künstler vor der Vorstellung die Hälfte der Gage in bar, die andere Hälfte erhalten sie – ebenfalls bar – in der Pause. Der Brauch selbst geht zurück auf die Zeiten des noch fahrenden Theatervolks. Es kam nämlich immer wieder vor, das ein Theaterdirektor mit der Kasse durchgebrannt war, bevor die Künstler entlohnt wurden.[94]

Die Vereinbarung einer ordentlichen Kündigung beim Zeitvertrag ist zwar möglich, in der Praxis jedoch eher selten. Für die ordentliche Kündigung eines freien Dienstvertrages gelten, wenn nichts anderes vereinbart ist, die Fristvorschriften des § 621 BGB. Im übrigen endet der Zeitvertrag mit Zeitablauf gemäß § 620 I BGB.

Die einseitige Kündigung des Dienstvertrages ist nach den Vorschriften des § 626 BGB nur über eine außerordentliche Kündigung und nur bei Vorliegen eines wichtigen Grundes möglich. Hierbei gilt es zu beachten, dass ein sogenanntes „künstlerisches Versagen" regelmäßig kein wichtiger Grund für eine außerordentliche Kündigung darstellt.[95] Die Beendigung des Dienstvertrages in gegenseitigem Einvernehmen durch Aufhebungsvertrag steht freilich den Vertragsparteien frei.

5.2.3 Steuer- und Sozialabgaben, Urlaub, Entgeltfortzahlung

Der in einem freien Dienstvertrag verpflichtete Künstler hat grundsätzlich keine Lohnsteuer zu entrichten. Wie beim Werkvertragsbeschäftigten ist er gemäß §§ 1, 2, 18 I Nr. 1, 25 EStG selbst einkommensteuererklärungs- und einkommensteuerpflichtig. Überdies ist er, wie der Werkvertragsbeschäftigte auch, gemäß §§ 18 ff. UStG grundsätzlich umsatzsteuerpflichtig, sofern er nicht zum Beispiel im Rahmen der Kleinunternehmer-regelung (§ 19 ff. UStG) von der Umsatzsteuer befreit ist. Auch hier ist es Verhandlungssache, ob eine etwaig anfallende Umsatzsteuer inklusive oder exklusive der Vergütung gezahlt wird, in

---

[94] Quelle: Welt Online, Internet: http://www.welt.de/print-welt/article589962/Viele_Kuenstler_nehmen_am_liebsten_Cash.html, Zugriff am 14.10.2011
[95] Vgl. Kurz, Hanns, S. 106, Rn. 13 f.

der Regel versteht sich eine gezahlte Vergütung bei einem freien Dienstvertrag jedoch inklusive Umsatzsteuer, sofern nichts anderes vereinbart ist. Die Vertragspartner eines freien Dienstleistungsverhältnisses haben im übrigen keine Sozialabgaben abzuführen, wohl aber müssen gemäß § 24 I S. 1 Nr. 2 KSVG Beiträge zur Künstlersozialversicherung entrichtet werden. Ein Urlaubsanspruch besteht nicht.

Haben in der Person liegende, unverschuldete Gründe die Dienstleistung verhindert, kann sich für eine verhältnismäßig nicht erhebliche Zeit gemäß § 616 BGB eine Fortzahlung der Vergütung ergeben, und zwar unabhängig davon, ob die Dienste nachholbar wären oder nicht.[96]

War der Dienstleistungsschuldner jedoch unverschuldet für eine mehr als verhältnismäßig nicht erhebliche Zeit verhindert und sind seine Dienste nachholbar, ist er zu dieser Nachleistung grundsätzlich verpflichtet.[97]

5.3 Der Arbeitsvertrag

Die häufigste Vertragsform, die heutzutage zwischen bühnenschaffenden Künstlern und dem jeweiligen Theater geschlossen wird, ist der Arbeitsvertrag, der als abhängiger und unselbstständiger Dienstvertrag charakterisiert wird.[98] Die gesetzliche Grundlage für einen Arbeitsvertrag findet sich demnach als Unterfall des in den §§ 611 ff. geregelten Dienstvertrages.[99] Der Arbeitsvertrag begründet ein synallagmatisches privatrechtliches Dauerschuldverhältnis zwischen Arbeitnehmer und Arbeitgeber, dabei gilt das Prinzip der Vertragsautonomie.

Die Gesamtheit der durch einen Arbeitsvertrag begründeten Rechtsbeziehungen zwischen Arbeitnehmer und Arbeitgeber wird als Arbeitsverhältnis definiert.[100] Das Arbeitsrecht selbst ist nach der üblichen Definition das Sonder- beziehungsweise Schutzrecht des Arbeitnehmers.[101] Sofern Tarifverträge oder Gesetze keine Schriftform vorschreiben, kann

---

[96] Vgl. Kurz, Hanns, S. 191, Rn. 44
[97] Jauernig, Kommentar zum Bürgerlichen Gesetzbuch, § 616, Rn. 3 ff.
[98] Vgl. Löwisch, Manfred, Arbeitsrecht, 1. Kapitel, Rn. 3
[99] Vgl. Fischer/Reich, § 7, Rn. 1
[100] Vgl. Alpmann-Schmidt, S. 4, Nr. 2.1
[101] Vgl. Zöllner/Loritz, 1. Teil, Einleitung

der Arbeitsvertrag grundsätzlich auch mündlich oder stillschweigend durch konkludentes Handeln (z. B. Arbeitsantritt) geschlossen werden.

Aufgrund von Beweiserleichterungen im Streitfall hat der Arbeitgeber jedoch gemäß § 2 NachweisG wesentliche Vertragsbedingungen schriftlich niederzulegen und sie dem Arbeitnehmer unterschrieben auszuhändigen.[102]

5.3.1 Der Arbeitnehmerbegriff

Für den Arbeitnehmerbegriff gibt es jedoch keine genaue gesetzliche Normierung. Insofern muss eine Abgrenzung zum Begriff des Selbstständigen stattfinden. Allgemein wird angenommen, dass Arbeitnehmer derjenige ist, der regelmäßig unselbstständige und abhängige Dienste aufgrund eines privatrechtlichen Vertrages leistet.[103]

Für eine genaue Abgrenzung zwischen Selbstständigen und Arbeitnehmern wird insbesondere eine Reihe von Indizien beleuchtet, auf die dann im Einzelnen abgestellt wird. Ein wichtiges Indiz für die persönliche Abhängigkeit des Arbeitnehmers ist beispielsweise die Eingliederung in einen fremden Produktionsbereich, in dem der Arbeitnehmer hinsichtlich Zeit, Dauer und Ort der Dienste dem umfassenden Weisungsrecht des Arbeitgebers unterliegt.[104] Auch das Vorliegen einer fachlichen Weisungsgebundenheit ist ein wichtiges Merkmal für die persönliche Abhängigkeit, diese ist jedoch nicht zwingend erforderlich für Dienste höherer Art, zu denen die künstlerische Tätigkeit grundsätzlich zählt.[105] Eine Urlaubsregelung sowie die Vereinbarung der Fortzahlung der Vergütung im Krankheitsfall sind ebenfalls Indikatoren für eine abhängige Beschäftigung.

---

[102] Vgl. Fischer/Reich, § 7, Rn. 1
[103] BAG, Urteil v. 14.03.2007, 5 AZR 499/06
[104] Vgl. Kurz, Hanns, S. 107, Rn. 15
[105] BAG, Urteil v. 14.09.1988, 5 AZR 642/87

5.3.2 Bühnenarbeitsvertrag als Zeitvertrag

Der Bühnenarbeitsvertrag kann unterteilt werden in den Spielzeit- oder Jahresvertrag oder ist auch als Teilspielzeitvertrag oder als ‚Vertrag nach einer Anzahl von Vorstellungen' denkbar, oder aber auch als ein nach der Laufzeit eines Stücks bemessener Gastvertrag. Der bühnenkünstlerische Arbeitsvertrag ist im übrigen grundsätzlich ein Zeitvertrag.[106] Die Befristung eines Arbeitsverhältnisses ist zulässig, wenn sie durch einen sachlichen Grund gerechtfertigt ist. Die Zulässigkeit der Befristung ist insbesondere für Bühnenarbeits-verhältnisse im künstlerischen Bereich höchstrichterlich festgestellt. Sie erlaubt dem Intendanten eine subjektive (und nicht einklagbare) Wertentscheidung und ermöglicht es, beispielsweise einem Abwechslungsbedürfnis des Publikums gerecht zu werden.[107]

Eine Beendigung des Arbeitsvertrages ist aus den gleichen Gründen wie beim freien Dienstvertrag möglich, unter Umständen gilt es jedoch, Kündigungsschutzvorschriften zu beachten. Für nach Normalvertrag Beschäftigte sind die Bestimmungen des Tarifabkommens zu berücksichtigen.

5.3.3 Der Beschäftigungsanspruch

Das Dienstvertragsrecht des BGB (§§ 616 ff. BGB) wurde im 19. Jahrhundert entwickelt. Ein allgemeiner Beschäftigungsanspruch des zur Dienstleistung Verpflichteten war nicht vorgesehen, der Dienstvertrag war lediglich ein schuldrechtlicher Austauschvertrag, in dem der Arbeitgeber als Vertragsgläubiger zwar die Arbeitsleistung einfordern konnte, zu ihrer Abnahme jedoch nicht verpflichtet war; des weiteren schuldete der Arbeitgeber lediglich die Vergütung.[108]

Das Dienstvertragsrecht des 19. Jahrhunderts kannte jedoch bereits hinsichtlich des Beschäftigungsanspruches eine Ausnahme:

Hatten nämlich Arbeitnehmer ein besonderes Interesse an der Ausübung ihrer Tätigkeit und wurde aufgrund einer stillschweigenden Vereinbarung und unter Berücksichtigung der Umstände des Einzelfalles eine Beschäftigungspflicht angenommen, so hat man einen Beschäftigungsanspruch anerkannt.[109] Regelmäßig wurde dies bei Bühnenkünstlern,

---
[106] Herdlein, Hans, S. 52; § 2 II NV Bühne
[107] Herdlein, Hans, Alphabet der Theaterpraxis S.72 f.
[108] BAG, Beschluss v. 27.02.1985 – GS 1/84, NJW 1985, 2968
[109] BAG, Beschluss v. 27.02.1985 – GS 1/84, NJW 1985, 2968

später auch bei Lehrlingen (heute: Auszubildende) angenommen. Bei den Künstlern ging man davon aus, dass deren Leistung beeinträchtigt würde, wenn sie nicht in Übung blieben.

Erst nach Inkrafttreten des GG wurde durch eine grundlegende Entscheidung des Bundesarbeitsgerichtes (BAG) vom 10. November 1955 ein Beschäftigungsanspruch des Arbeitnehmers allgemein anerkannt, im übrigen wird diese auf den Persönlichkeitsschutz des Arbeitnehmers abstellende Rechtsprechung vom BAG bis heute fortgesetzt.[110]

Bei Nichterfüllung des Beschäftigungsanspruches kann aufgrund einer Pflichtverletzung nach § 280 I BGB Schadensersatz verlangt werden. Ein solcher Berufsschaden kann beispielsweise bei einem Bühnenkünstler angenommen werden, wenn dessen künstlerisches Ansehen durch die zeitweise Nichtbeschäftigung beeinträchtigt wird.[111] Es ist indes möglich, diesen Schaden seitens des Gerichts gemäß § 287 I ZPO zu schätzen.[112]

Das Vorliegen einer Beschäftigungspflicht wird jedoch abgelehnt, wenn beispielsweise bei einer Betriebsstilllegung infolge Insolvenz kein Bedarf mehr besteht oder der Arbeitgeber ein besonderes Interesse an der sofortigen Arbeitseinstellung hat (z. B. Verdacht auf das Vorliegen einer strafbaren Handlung, etc.).[113]

5.3.4 Steuer- und Sozialabgaben, Urlaub, Entgeltfortzahlung

Gemäß §§ 19 I, S. 1 Nr. 1 EStG, 50a IV S. 1 EStG muss das Theater die Lohnsteuer einbehalten und an das zuständige Finanzamt abführen, eine Umsatzsteuerpflicht entfällt jedoch. Im übrigen müssen Arbeitgeber als auch Arbeitnehmer Sozialabgaben für die Kranken-, Renten- und Arbeitslosenversicherung entrichten. Der Arbeitnehmer hat außerdem einen Urlaubsanspruch nach dem Urlaubstarifvertrag beziehungsweise nach dem Bundesurlaubsgesetz. Auch die Lohnfortzahlung an gesetzlichen Feiertagen und im Krankheitsfall kann der Arbeitnehmer vom Arbeitgeber einfordern.[114]

---

[110] Vgl. Personalbuch 2011, 97, Rn. 2
[111] Vgl. Löwisch, Manfred, Arbeitsrecht, § 14, Rn. 872
[112] BAG vom 12.11.1985, AP Nr. 23 zu § 611 BGB, Bühnenengagementvertrag (BB 1986, 1366)
[113] Vgl. Löwisch, Manfred, Arbeitsrecht, § 14, Rn. 873
[114] Vgl. Kurz, Hanns, S. 109/110, Rn. 18, 19, 20 ff.

6. Umsatzsteuer und Sozialabgaben

Der Umsatzsteuersatz in Deutschland beträgt derzeit 19 % und wird auf die getätigten Umsätze erhoben. Zur Belebung der Kunst- und Kulturnachfrage jedoch hat der Staat einen wichtigen Ausnahmetatbestand eingeführt, nämlich den ermäßigten Umsatzsteuersatz gemäß § 12 UStG auf die Leistungen der Theater, Orchester, Kammermusikensembles, Chöre etc., dieser beträgt demnach nur 7 % und verbilligt entsprechend die oben genannten Leistungen. Für Künstler gelten außerdem weitere Ausnahmetatbestände im Umsatzsteuerrecht, die nachfolgend kurz erörtert werden.

Von weiterer Relevanz für den freiberuflich ausführenden Bühnenkünstler ist die Versicherungspflicht und damit die Pflicht zur Abführung von Sozialabgaben, die sich auch bei Selbstständigen ergeben kann. Der Vollständigkeit halber soll nachfolgend ebenfalls kurz darauf eingegangen werden.

6.1 Die Umsatzsteuerpflicht und die Befreiung von der Umsatzsteuer

Ist der Künstler selbstständig tätig, tritt er also im Sinne des § 14 I BGB als Unternehmer auf, unterliegt er gemäß § 1 I, Nr. 1 UStG der Umsatzsteuerpflicht, sofern er nicht im Rahmen des § 19 I UStG von der sogenannten „Kleinunternehmerregelung" Gebrauch macht. Diese Kleinunternehmerregelung kann wahlweise zur Anwendung kommen, wenn der Umsatz im vorangegangenen Jahr 17.500 Euro nicht überstiegen hat und im laufenden Kalenderjahr 50.000 Euro voraussichtlich nicht übersteigen wird. Auf diese Regelung kann der Unternehmer gemäß § 19 II UStG durch Erklärung gegenüber seinem Finanzamt auch verzichten. Damit wäre der Unternehmer dann freilich immer umsatzsteuerpflichtig.

Nun ergibt sich aber aus § 4, Nr. 20 a), Satz 1 UStG eine Besonderheit des Steuerrechts, die nicht selten von den Kunst- und Kulturschaffenden übersehen wird: Umsätze von Theatern, Orchestern, Kammermusikensembles, Chöre usw. sind nämlich von der Umsatzsteuer befreit, sofern sie zu den Einrichtungen des Bundes, der Länder, der Gemeinden oder der Gemeindeverbände gehören.

Nach § 4, Nr. 20 a) Satz 2 UStG gilt dies auch für die Umsätze gleichartiger Einrichtungen anderer Unternehmer, wenn die zuständige Landesbehörde bescheinigt, dass sie die gleichen kulturellen Aufgaben wie die in Satz 1 bezeichneten Einrichtungen erfüllen. Was dieser Wortlaut im Einzelnen bedeutet, klärt der Umsatzsteuer-Anwendungserlass vom 1. Oktober 2010, BStBl I S. 846 des Bundesfinanzministeriums.

Dort heißt es unter der Nr. 4.20.2. Orchester, Kammermusikensembles und Chöre: „ ... Artikel 132 Abs. 1 Buchstabe n MwStSystRL ist dahin auszulegen, dass der Begriff der „anderen ... anerkannten Einrichtungen" als Einzelkünstler auftretende Solisten und Dirigenten nicht ausschließt. Auf die Art der Musik kommt es nicht an; auch Unterhaltungsmusik kann unter die Vorschrift fallen. Unter Konzerten sind Aufführungen von Musikstücken zu verstehen, bei denen Instrumente und/oder die menschliche Stimme eingesetzt werden."[115]

Dies bedeutet, dass die als selbstständige Unternehmer auftretenden Künstler gerade im Musik-Bereich sich regelmäßig von der Umsatzsteuerpflicht befreien lassen können, wenn sie eine Bescheinigung der Landesbehörde vorweisen können, die bestätigt, dass sie die gleichen Leistungen und Aufgaben erbringen, wie dies in § 4 Nr. 20 a) UStG die dort benannten Einrichtungen erfüllen. Die für die Befreiung von der Umsatzsteuer zuständige Landesbehörde in Baden-Württemberg ist das Regierungspräsidium Stuttgart. Dort können beispielsweise Künstler mit Wohnsitz in Baden-Württemberg im Musik-Bereich eine Bescheinigung beantragen, die – nachdem eine künstlerische Ausbildung und Laufbahn nachgewiesen wurde, gegenüber ihrem Finanzamt zur Umsatzsteuerbefreiung berechtigt.

6.2 Die Künstlersozialversicherung (KSV) – Künstlersozialkasse (KSK)

Die wirtschaftliche Situation der freiberuflichen selbstständigen Künstler in Deutschland ist höchst unterschiedlich, wie eingangs bereits erwähnt. Neben sehr wohlhabenden Standesvertretern gibt es durchaus auch solche, deren Einkommen gerade einmal das Existenzminimum erreicht.[116]

Da die freiberuflichen Künstler immer den anderen Freiberuflern zugerechnet wurden, mussten sie sich selbst um ihre soziale Absicherung kümmern. Freilich hinkt dieser Ver-

---
[115] vgl. EuGH-Urteil vom 3. 4. 2003, C-144/00, BStBl II S. 679; BFH-Urteil vom 26. 4. 1995, XI R 20/94, BStBl II S. 519
[116] Deutscher Bundestag, Drucksache 15/2275

gleich bei genauerem Hinsehen, da die Einkommenssituation eines freiberuflichen Künstlers kaum mit der eines freiberuflichen Arztes, Zahnarztes oder Rechtsanwaltes vergleichbar ist. Daher wurde auf Empfehlung einer in den 70er Jahren eingesetzten Enquete-Kommission zur sozialen Absicherung der Künstler 1983 die Künstlersozialversicherung als Teil der gesetzlichen Sozialversicherung ins Leben gerufen.[117]

Die Künstlersozialversicherung übernimmt nun quasi den „Arbeitgeber"-Anteil und gewährleistet für ihre Mitglieder damit denselben Versicherungsschutz in der Kranken, Pflege- und Rentenversicherung wie bei Arbeitnehmern. Gemäß § 1 KSV ist ein Künstler in der Künstlersozialversicherung pflichtversichert, wenn er eine künstlerische Tätigkeit erwerbsmäßig, selbstständig und nicht nur vorübergehend ausübt. Das Jahresarbeitseinkommen des Künstlers muss für das Vorliegen einer Versicherungspflicht jedoch mindestens 3.900 € betragen.[118] Zuständig für die Erhebung der Mitgliederbeiträge, die analog den Arbeitnehmerbeiträgen in der gesetzlichen Sozialversicherung entsprechen, sowie für die Versicherungsveranlagung ist die zentral eingerichtete Künstlersozialkasse (KSK) in Wilhelmshaven.

Was ursprünglich als soziale Absicherung für freiberufliche Künstler gedacht war, wird für die Künstlersozialkasse allerdings zunehmend zum Problem. Viele Theater und Medienunternehmen versuchen ihren Arbeitgeber-Sozialabgabepflichten zu entgehen, indem sie die Künstler als freie Mitarbeiter beschäftigen und die Künstler so nicht selten in eine (Schein-)Selbstständigkeit drängen.

---

[117] Vgl. Heinrichs, Werner, Nr. 2.4, S. 50 ff.
[118] Vgl. Heinrichs, Werner, Nr. 2.4, S. 51

7. Der (freie) Gastspielvertrag

Gastspielverträge dienen grundsätzlich zur Ergänzung des ständigen Personals und zur Ausgestaltung des Spielplans mit Bühnenkünstlern.[119]
Bei Gastspielverträgen ist der Gast im Gegensatz zum Ensemblemitglied nicht ständig, also nicht während der gesamten Spielzeit oder Vertragsdauer in den Theaterbetrieb eingegliedert.[120]
Es handelt sich hierbei also um regelmäßig kurzzeitige oder befristete Verträge, die nur selten für die Dauer der gesamten Spielzeit gelten.
Der Gastspielvertrag kann als unselbstständiger Dienstvertrag, also als Arbeitsvertrag oder auch als selbstständiger, sogenannter freier Gastspielvertrag vereinbart werden. Der freie Gastspielvertrag erfüllt in rechtlicher Hinsicht die Kriterien der selbstständigen Dienstleistungs- oder Werkverträge, weshalb diese regelmäßig auch als Gastspielverträge (Gastspielwerkvertrag, Gastspieldienstleistungsvertrag) gekennzeichnet werden.[121] Bezüglich der Ausgestaltung dieser Verträge sei auf die Nr. 5.1 und 5.2 dieser Arbeit verwiesen.
Der als Arbeitsvertrag vereinbarte Gastspielvertrag ist äußerst vielgestaltig. Er beruht auf individuellen Regelungen, denen Rechtsgrundsätze beispielsweise der Bühnenschiedsgerichte zu Grunde liegen oder die sich an der Rechtsprechung des Bundesarbeitsgerichts orientieren.[122]

Da der unselbstständige Gastspielvertrag ein Arbeitsvertrag ist, ist auch der gastweise beschäftigte Künstler als Arbeitnehmer zu behandeln. Hieraus ergeben sich dann folgerichtig Ansprüche auf Fortzahlung der Bezüge im Krankheitsfall, Urlaub nach dem Bundesurlaubsgesetz sowie Beitragsleistungen zur Versorgungsanstalt der deutschen Bühnen.[123] Ob im Einzelnen ein Gastspielvertrag gegeben ist, bestimmt sich nicht nach der Bezeichnung, sondern vielmehr nach seinem Inhalt. Besteht keine Tarifverbindlichkeit, muss ein unselbstständiger Gastspielvertrag wie ein Arbeitsvertrag allein nach den Vorschriften des BGB (unselbstständiger Dienstvertrag) beurteilt werden.[124]

---
[119] Vgl. Kurz, Hanns, S. 374, Rn. 6
[120] Vgl. Herdlein, Hans, Alphabet der Theaterpraxis, S. 36
[121] Vgl. Kurz, Hanns, S. 375, Rn. 9
[122] Vgl. Herdlein, Hans, Alphabet der Theaterpraxis, S. 36
[123] Vgl. Herdlein, Hans, Alphabet der Theaterpraxis, S. 36
[124] Vgl. Kurz, Hanns, S. 375, Rn. 9

8. Der Normalvertrag Bühne (NV Bühne)

Arbeitsverträge mit Bühnenkünstlern im Musiktheater unterliegen in der Praxis regelmäßig tarifvertraglichen Bestimmungen oder orientieren sich an diesen.
Da die Unternehmerseite ökonomisch stets dem einzelnen Arbeitnehmer gegenüber überlegen ist, ist Sinn und Zweck der Tarifverträge zunächst ganz allgemein das Schutzbedürfnis der Arbeitnehmer. Ihre Schutzfunktion für den Arbeitnehmer entfalten die Vorschriften der Tarifverträge durch ihr unmittelbares und zwingendes Einwirken auf die Arbeitsverhältnisse.[125]

Tarifverträge selbst können zwischen tariffähigen Verbänden geschlossen werden. Diese Arbeitnehmer- und Arbeitgeberverbände müssen indes Koalitionsmerkmale erfüllen, insbesondere müssen sie von einem Mitgliederwechsel unabhängig, freiwillig, neutral und überbetrieblich organisiert sein.[126] Tarifvertragliche Vereinbarungen im Theater-Bereich werden heutzutage auf der Arbeitgeberseite vom Deutschen Bühnenverein, auf der Arbeitnehmerseite von der Genossenschaft Deutscher Bühnenangehöriger getroffen. Beide Verbände können - wie bereits erwähnt - auf eine weitreichende Historie zurückblicken (zur Historie siehe unter Nr. 3.3.3).

Bis zum 01. Januar 2003 war der Arbeitsvertrag im Theater normiert durch zahlreiche verschiedene Tarifverträge, die sogenannten Normalverträge und die Bühnentechniker-Tarifverträge für technische Angestellte mit künstlerischen oder überwiegend künstlerischen Tätigkeiten an Bühnen (sog. BTT/BTTL).[127] Zu diesen Tarifverträgen gehörte zum Beispiel der NV Solo (für Solisten), der NV Chor (für die Mitglieder des Opernchores), der NV Tanz (für die Ensemble-Mitglieder der Ballett-Compagnie) usw., um nur einige zu nennen.[128]
Insgesamt waren am Musiktheater sieben verschiedene Tarifverträge zu koordinieren, was nicht immer reibungslos ablief und regelmäßig zu Behinderungen im Produktionsablauf führte.[129] Die andauernde Kritik vor allem der bühnenschaffenden Künstler, die sich

---
[125] Vgl. Kurz, Hanns, S. 257, Rn. 6
[126] Vgl. Kurz, Hanns, S. 257, Rn. 5
[127] Vgl. Lansnicker, Frank, Prozesse in Arbeitssachen, § 2, Rn. 628 ff.
[128] Vgl. Finn, Ulrike, S. 16, Nr. 4.2.2 f.
[129] Vgl. Herdlein, Hans, Alphabet der Theaterpraxis, S. 13 ff.

schwer damit taten, in einem solch umfangreichen und zugleich unübersichtlichen Tarif- und Regelwerk rechtlich an den Theaterbetrieb gebunden zu sein, führte schließlich dazu, das Vertrags- und Regelwerk an den Theatern grundlegend zu reformieren.

Zum 01. Januar 2003 schlossen der Deutsche Bühnenverein (als Arbeitgeberverband) und die Genossenschaft Deutscher Bühnen-Angehöriger (GDBA – als Arbeitnehmervertretung) einen einzigen neuen Tarifvertrag, den sogenannten NV Bühne, der jetzt die bis dahin gültigen Tarifverträge vereinte und ablöste. Die Vereinbarung eines neuen Tarifvertrages NV Bühne nahm man überdies zum Anlass, Bestimmungen der alten Verträge grundlegend zu überholen und das neue Regelwerk insgesamt zu modernisieren.

Der Tarifvertrag NV Bühne gilt im übrigen insbesondere an allen Theaterbetrieben, die von einem Land, einer Gemeinde beziehungsweise von einem oder mehreren Gemeindeverbänden überwiegend rechtlich oder selbstständig getragen werden.[130]
Aber auch der Tarifvertrag NV Bühne ist im Laufe der vergangenen acht Jahre immer wieder angepasst und verändert worden. So etwa wurden vier ergänzende Änderungstarifverträge und Gagen-Anpassungs-Tarifverträge abgeschlossen, ein fünfter Änderungstarifvertrag wurde am 14. Februar 2011 vereinbart, ein sechster nur wenige Monate später, am 15. April 2011.[131]
Nunmehr hat man den Normalvertrag Bühne in einer Neuauflage aktualisiert und Neuregelungen und Änderungen entsprechend aufgenommen und verarbeitet, die Änderungstarifverträge sind damit rückwirkend zum 01.01.2011 in Kraft getreten, ausgenommen der §§ 57, 66, 74 und 87 NV Bühne, die erst zum Beginn der Spielzeit 2011/12 (also am 01.08.2011) in Kraft getreten sind.[132]
Die Änderungen im Einzelnen werden in der vorliegenden Studie nur insoweit erwähnt und erläutert, als dass sie zu früher geltendem Recht maßgebliche und wesentliche Modifikationen beinhalten. Ansonsten sei darauf hingewiesen, dass alle Änderungstarifverträge mittlerweile Rechtskraft besitzen und die aktuell tarifrechtliche Vertragsgrundlage darstellen.

---

[130] Vgl. Fischer/Reich, § 6, Rn . 28
[131] Vgl. GDBA, NV Bühne, S. 9, Einführung
[132] Vgl. GDBA, NV Bühne, S. 9, Nr. 1

In der derzeit geltenden Neufassung des NV Bühne ist in insgesamt 101 Paragrafen zuzüglich Anlagen das tarifvertragliche Arbeitsrecht zwischen Theater und Künstler, angefangen vom Geltungsbereich, der Arbeitszeit, der Vergütung bis hin zu Hausordnungen und Sonderregelungen der jeweiligen Sparten geregelt.[133] Die hier stattfindenden vertragsrechtlichen Gestaltungsmöglichkeiten sollen aufgrund der Fülle der Regelungen lediglich an den wesentlichen Schwerpunkten im Musiktheaterbereich verdeutlicht werden.

8.1 Der Geltungsbereich des § 1 NV Bühne

Entsprechend § 1 I des Tarifvertrages NV Bühne gilt dieser für Solomitglieder und Bühnentechniker sowie für Opernchor- und Tanzgruppenmitglieder an Bühnen innerhalb der Bundesrepublik Deutschland, die von einem Gemeindeverband oder mehreren Gemeindeverbänden ganz oder überwiegend rechtlich oder wirtschaftlich getragen werden. Dies trifft in einem in § 1 VII NV Bühne näher bestimmten Umfang auch für Solomitglieder an Privattheatern zu.

Hier ergibt sich bereits die erste wesentliche Änderung: Während man im alten Tarifvertrag NV Bühne beziehungsweise davor in den Verträgen NV Solo die Solomitglieder an den Privattheatern tarifvertraglich quasi „außen vorgelassen" hat, hat nunmehr der Tarifvertrag NV Bühne in seiner aktuellen Fassung diese Solisten der Theaterbetriebe in privater Trägerschaft in seinen Geltungsbereich mit aufgenommen. Dies führt dazu, dass auch die Künstler an den Privattheatern mittlerweile unter bestimmten Umständen den Schutz der tarifvertraglichen Bestimmungen genießen.

Als Solomitglieder gelten gemäß § 1 II NV Bühne die Einzeldarsteller einschließlich der Kabarettisten und Puppentheaterspielern, Dirigenten, Kapellmeister, Studienleiter, Repetitoren, Orchestergeschäftsführer, Direktoren des künstlerischen Betriebs – hier insbesondere auch der Operndirektor, der Schauspieldirektor, der Ballettdirektor, der Leiter des Kinder- und Jugendtheaters, die Spielleiter (Regisseure), Chordirektoren, Choreografen, Tanz-und Ballettmeister sowie die Trainingsleiter, Dramaturgen, Leiter des künstlerischen Betriebsbüros, die Disponenten, Ausstattungsleiter, Bühnenbildner, Kostümbildner und Lichtdesigner, die Inspizienten, die Theaterpädagogen, die Schauspielmusiker, die Refe-

---

[133] Vgl. GDBA, NV Bühne

renten und Assistenten von Intendanten sowie des künstlerischen Betriebs, Souffleure, Theaterfotografen und Grafiker, Pressereferenten sowie Personen in ähnlicher Stellung. Wichtig ist hierbei die Unterscheidung zwischen dem technischen Bühnenpersonal, soweit es überwiegend künstlerisch tätig ist und dem Personal mit rein kaufmännisch- oder technischen Aufgaben. Für das hauptsächlich kaufmännische und technische Personal kann auch einzelvertraglich nicht die Geltung des NV Bühne vereinbart werden.[134]

8.1.1 Anrufung der Gerichte

Der Inhalt des Arbeitsverhältnisses bestimmt, inwieweit der Arbeitnehmer im Rahmen des Direktionsrechts des Arbeitgebers überwiegend künstlerisch tätig wird und damit in den Geltungsbereich des NV Bühne fällt oder nicht. Dies ist insoweit von Bedeutung, als das sich hieraus Konsequenzen für die Anrufung des zuständigen Gerichts ergeben.
Ist das Schiedsgericht mangels wirksamer Vereinbarung des NV Bühne nicht zuständig, wird es aber irrtümlicher Weise dennoch angerufen, so genügt dessen Anrufung gemäß §§ 4, 13 KSchG, § 17 TzBfG nicht zur Wahrung der Fristen bei fristgebundener Klageerhebung. Nach § 4 KSchG ist die Klagefrist jedoch gewahrt, wenn der gekündigte Arbeitnehmer rechtzeitig Kündigungsschutzklage beim Arbeitsgericht erhoben hat, dann aber Schiedsklage erhebt weil sich zu einem späteren Zeitpunkt herausstellt, dass das Schiedsgericht als zuständige Instanz hätte angerufen werden müssen.[135] Eine allein beim Arbeitsgericht erhobene Klage ist jedoch unzulässig, wenn trotz einzelvertraglicher Verweisung auf den NV Bühne und den Vorrang des Bühnenschiedsgerichts Bezug genommen wird.[136]
Sofern nicht eindeutig klar ist, ob das Arbeits- oder Schiedsgericht zuständig ist, sollte zur Fristwahrung jedoch immer zunächst das Arbeitsgericht angerufen werden, sicherheitshalber kann gleichzeitig auch die Anrufung des Schiedsgerichts stattfinden. In einer Güteverhandlung vor dem Arbeitsgericht kann dann zwischen den Parteien geklärt werden, welches Gericht zuständig ist um nachfolgend dann dort das Verfahren fortzusetzen.[137]

---

[134] Vgl. Lansnicker, Frank, Prozesse in Arbeitssachen, § 2, Rn. 628 ff.
[135] Vgl. Lansnicker, Frank, Prozesse in Arbeitssachen, § 2, Rn. 628 ff.
[136] BAG-Urteil vom 28.01.2009, 4 AZR 987/07, NZA-RR 2009, 465
[137] Vgl. Lansnicker, Frank, Prozesse in Arbeitssachen, § 2, Rn. 628 ff.

8.1.2 Solomitglieder in Gastspielverträgen

Gemäß § 1 V NV Bühne gilt der Tarifvertrag NV Bühne grundsätzlich nicht für Gäste, mit denen nur für eine Dauer Gastspielverträge abgeschlossen wurden. Für diese Gastspielverträge finden aber die Regelungen der §§ 53 NV Bühne (Bühnenschiedsgerichtsbarkeit), § 60 NV Bühne (Vermittlungsgebühr Solo) sowie § 98 NV Bühne (Ausschlussfristen) Anwendung. Nach § 53 NV Bühne also sind für alle bürgerlichen Rechtsstreitigkeiten bei Gastspielverträgen die nach Maßgabe der vereinbarten Bühnenschiedsgerichtsordnungen eingesetzten Schiedsgerichte zuständig. § 60 NV Bühne regelt die Kostenaufteilung der Vermittlungsgebühr, sie wird je zur Hälfte von Arbeitgeber und Arbeitnehmer beglichen.

Das Vermittlungsmodell der Künstler soll zum besseren Verständnis kurz beschrieben werden: Heutzutage arbeiten die Theater, insbesondere Musiktheater, aus Zeitgründen und Gründen der Arbeitserleichterung mit zahlreichen Musik-Agenturen zusammen, diese Agenturen können staatlich (z. B. die frühere ZBF – Zentrale Bühnen-, Fernseh- und Filmvermittlung, jetzt ZAV, Zentrale Auslands- und Fachvermittlung der Agentur für Arbeit) oder privat betrieben sein.

Bei einer Rollenneubesetzung erhalten die Agenturen die Anfragen und Stellenausschreibungen der Theater. Die Agenturen, die im Vorfeld bereits ‚Castings und Auditions' durchgeführt haben und eine gewisse ausgesuchte Künstlerdatei führen, entsenden nun wiederum eine Vorauswahl an Künstlern, von denen angenommen wird, dass sie auf die Rollenbeschreibung der Theater passen, zum Vorsingen oder Vorsprechen an das jeweilige Opern- oder Schauspielhaus. Erhält ein Künstler den Zuschlag und wird engagiert, hat er der Agentur, mit der er einen Arbeitsvermittlungsvertrag geschlossen hat, eine Vermittlungsgebühr zu zahlen. § 60 NV Bühne regelt hier die näheren Zahlungsmodalitäten und nimmt quasi auch die Theater als Arbeitgeber in die Pflicht, um insbesondere den Arbeitnehmer finanziell zu entlasten.

Eine Modifikation des neuen NV Bühne besagt in § 60 II NV Bühne, dass die anteilige Kostentragung durch den Arbeitgeber entfällt, sofern die Agentur den Namen des Künstlers nicht mitgeteilt hat beziehungsweise der Vermittler auch nicht in anderer Weise an der Aushandlung des Vertrages beteiligt war.

Zum genaueren Verständnis: Agenturen haben es hin und wieder unterlassen, die Künstler, die zu einer Audition (Vorsingen/Vorsprechen) an ein Theater geschickt wurden, mit deren Anschrift und Namen anzumelden. Damit wollte man von Agenturseite verhindern, dass die Theaterbetriebe selbstständig mit dem Künstler in Vertragsverhandlungen eintraten oder umgekehrt, um so die Agenturen aus Kostengründen außen vorzulassen.

Die Ausschlussfristen werden in § 98 NV Bühne geregelt, dies bedeutet, dass Ansprüche aus dem Arbeitsverhältnis verfallen, sofern sie nicht innerhalb von sechs Monaten nach Fälligkeit vom Mitglied oder vom Theater schriftlich geltend gemacht werden.

8.2 Vertragsschluss

In den alten Tarifverträgen NV Solo, die bis 2003 noch Bestand hatten, war es möglich, Künstlerverträge auch mündlich zu schließen. Diese Praxis existiert teilweise noch immer in der U-Musik, wo Künstler für diverse Veranstaltungen quasi per Handschlag verpflichtet werden. Mit dem neuen Tarifvertrag NV Bühne wird in § 2 I klar geregelt, dass der Arbeitsvertrag mit einem Mitglied zu seiner Wirksamkeit der Schriftform bedarf. Das gleiche gilt für Änderungen und Ergänzungen.

8.3 Vertragsinhalt

Gemäß § 2 II NV Bühne ist der Arbeitsvertrag mit Rücksicht auf die künstlerischen Belange der Bühne ein Zeitvertrag.

§ 2 III NV Bühne regelt die Anforderungen an den wesentlichen Vertragsinhalt des Bühnenvertrages, demnach müssen angegeben sein:

- die Bühne(n), für die das Mitglied angestellt wird;

- die Zeit, für die der Arbeitsvertrag abgeschlossen wird, sowie die Kalendertage, an denen das Arbeitsverhältnis beginnt und endet;

- ob das Mitglied als Solomitglied, Bühnentechniker, Opernchormitglied oder Tanzgruppenmitglied beschäftigt wird;

und ferner muss nach § 2 IV NV Bühne angegeben sein:

- die Tätigkeiten, zu denen das Solomitglied verpflichtet ist, darüber hinaus soll bei darstellenden Solomitgliedern die Kunstgattung und – jedenfalls im Musiktheater – das Kunstfach festgelegt werden (ausreichend ist aber auch die Angabe des Rollengebietes oder der Partien)

- für das Opernchormitglied das jeweilige Kunstfach (also die Stimmgruppe: 1. oder 2. Sopran, 1. oder 2. Alt, 1. oder 2. Tenor, 1. oder 2. Bass)

Im früheren Tarifvertrag NV Solo bedurfte es im übrigen noch der Festlegung der jeweiligen Kunstgattung (Oper, Operette, Schauspiel, Musical etc.), es konnten auch mehrere Kunstgattungen (z. B. Schauspiel und Musical) vereinbart werden.[138] Mit der Neuregelung in § 2 IV a) NV Bühne muss nunmehr nur noch die Tätigkeit des Mitglieds angegeben werden.

8.4 Rechte und Pflichten aus dem Dienstvertrag

Wie bereits ausgeführt gilt der Tarifvertrag NV Bühne an allen Theaterbetrieben, die von einem Land, einer Gemeinde beziehungsweise von einem oder mehreren Gemeindeverbänden überwiegend rechtlich oder selbstständig getragen werden.[139]

---

[138] Vgl. Kurz, Hanns, S. 279, Rn. 46
[139] Vgl. Fischer/Reich, § 6, Rn . 28

Ein zwischen einem solchen Theater und einem Solo-Mitglied geschlossener Arbeitsvertrag ist regelmäßig ein abhängiger und unselbstständiger Dienstvertrag, der den tarifvertraglichen Bestimmungen des NV Bühne unterliegt.

Gemäß § 54 I NV Bühne ist das Mitglied im Rahmen der vertraglich übernommenen Tätigkeit verpflichtet, alle ihm zugewiesenen Aufgaben zu übernehmen. Eine Beschränkung dieser Regelung findet sich jedoch bereits in § 54 III NV Bühne, wonach dem Solomitglied keine seiner vertraglichen Vereinbarung fernliegenden Aufgaben ohne seine ausdrückliche Zustimmung übertragen werden dürfen. Die Beschäftigung des Solomitgliedes muss sich insgesamt also im Rahmen des Rollengebiets halten (§ 54 VI NV Bühne).

Verständlicherweise ist es nicht immer leicht, hier eine genaue Abgrenzung vorzunehmen. Fraglich ist, inwieweit eine Rolle dem Künstler zumutbar ist. Hierbei ist insbesondere die Individualität des Mitglieds als auch die spezielle Inszenierungsform zu berücksichtigen. Eine Erweiterung seines Repertoires ist aber für ein Mitglied in seinem Fach zumutbar.[140]
Ein als Heldentenor engagierter Opernsänger hat zum Beispiel durchaus auch Partien des „Schweren Heldenfachs" zu spielen, wenn diese Rollen bisher in sein Repertoire gehörten und das Theater von einem solchen Leistungsvermögen bei Engagementabschluss ausging.
Ein generelles Ablehnungsrecht hat der Künstler auch dann nicht, wenn zum Beispiel eine Rolle in einzelnen Partien ganz oder teilweise gestrichen (also verkürzt oder anderweitig verändert) wird.
Ein Solomitglied ist jedoch nicht dazu verpflichtet, unsittliche Darstellungen übernehmen zu müssen und kann diese als Rollenaufgabe ablehnen. Ferner kann ein Theater ein Solo-Mitglied grundsätzlich nicht zu einer stummen Statisten-Tätigkeit bestimmen.[141] Im Zweifel, ob das Solo-Mitglied eine Rolle ausführen muss oder nicht kann zur Klärung gemäß § 54 VIII NV Bühne das Schiedsgericht angerufen werden.

---

[140] Vgl. Kurz, Hanns, S. 283, Rn. 56
[141] Vgl. Kurz, Hanns, S. 285 f., Rn. 58

8.4.1 Mitwirkungspflicht

Aus § 7 I des NV Bühne ergibt sich für das Mitglied eine Mitwirkungspflicht. Diese erstreckt sich im Rahmen der vertraglich übernommenen Tätigkeiten im jeweiligen Kunstfach auf alle Veranstaltungen (Aufführungen und Proben) der Bühne(n). Zu den Veranstaltungen, so § 7 I NV Bühne weiter, gehören auch auswärtige Gastspiele, Festspiele, Konzerte, Werbeveranstaltungen, bunte Programme, Matineen und sonstige Veranstaltungen, die vom Arbeitgeber oder einem seiner rechtlichen oder wirtschaftlichen Träger unter der Verantwortung des Arbeitgebers durchgeführt werden. Auch Übertragungen der Darstellungen durch Funk und Fernsehen sowie die Aufzeichnung auf Bild-, Ton- oder Bildtonträger zählen dazu.

Wirkt das darstellende Mitglied bei einer Probe mit, so darf diese allerdings nur mit seiner Zustimmung öffentlich gemacht werden, dies gilt jedoch nicht für öffentliche Generalproben (§ 54 VII NV Bühne).

8.4.2 Rechteübertragung

§ 8 NV Bühne regelt die Rechteübertragung für Bild- und Tonübertragungen beziehungsweise Aufzeichnungen. Demnach überträgt das Mitglied dem Arbeitgeber bei Veranstaltungen für live gesendete oder aufgezeichnete Funksendungen die für die Wiedergabe und deren Wiederholungen erforderliche zeitliche, räumliche und inhaltlich unbegrenzten Rechte und willigt in die Verwertung dieser Rechte ein. Dies gilt auch für Verwertungen durch ausländische Sender (z. B. Eurovisionsübertragungen) sowie für die Verwertungen bei Online-Diensten. Allerdings darf ein Online-Stream, der zum Download angeboten wird, nur unentgeltlich erfolgen, maximal 15 Minuten andauern und nicht mehr als ein Viertel des Werkes erfassen.

Das zu Theaterzwecken aufgezeichnete Material darf überdies vom Arbeitgeber vervielfältigt, verbreitet und wiedergegeben oder für Werbezwecke eingesetzt werden (§ 8 II NV Bühne). Die entgeltliche Nutzung der Bild- und Tonträger ist hiervon jedoch nicht erfasst. Für Liveübertragungen sind dem Arbeitgeber vom Mitglied die erforderlichen Rechte jedoch einzuräumen (§ 8 III NV Bühne). Sofern nichts anderes zwischen den Vertragsparteien vereinbart wurde, stehen im übrigen alle Nutzungsrechte an Werken, die das Mitglied in Erfüllung seiner Verpflichtungen aus dem bestehenden Arbeitsverhältnis geschaffen hat, dem Arbeitgeber zu, eine Vergütung hierfür ist mit der vereinbarten Gage abgegolten (§ 8 V NV Bühne).

Hier ergibt sich für Solo-Mitglieder eine erstmals im Tarifvertrag NV Bühne eingeräumte Besonderheit:
Solo-Mitglieder erhalten nämlich gemäß § 59 I NV Bühne eine angemessene Sondervergütung für die Mitwirkung bei Veranstaltungen für Funkzwecke (live oder aufgezeichnet) einschließlich der für die Übertragung der Sendung und deren Wiedergabe erforderlichen Rechte.

Ebenfalls gesondert in angemessener Höhe zu vergüten sind Wiederholungen auch bei zeitversetzter Verbreitung über Kabel und/oder über Satellit sowie bei Verkäufen der Sendungen an ausländische Rundfunkunternehmen (§ 59 II NV Bühne). Dies gilt gemäß § 59 III NV Bühne jedoch nicht für Reportagen, die sechs Minuten Wiedergabezeit nicht übersteigen und überdies nicht mehr als ein Viertel des Werkes wiedergeben.

8.4.3 Arbeits- und Ruhezeiten

Nach § 5 I NV Bühne ergibt sich die Arbeitszeit aus der Dauer der Proben und Aufführungen oder aus der Ausübung der arbeitsvertraglich vereinbarten Tätigkeit. Die Dauer der Proben und die Lage der Pause(n) wiederum wurde in § 55 NV Bühne geregelt und richtet sich nach den künstlerischen Belangen der Bühne. Eine Diensteregelung kann überdies auch durch einen Haustarif eingeführt werden (§ 5 II NV Bühne). Nach § 10 NV Bühne richten sich die Ruhezeiten nach den für die einzelnen Beschäftigungsgruppen geltenden Sonderregelungen.
Proben und Aufführungen werden durch Anschlag/Aushang im Theater bekannt gegeben. Danach werden für die Künstler in einem Arbeitsplan eine wöchentliche Proben- und Aufführungseinteilung veröffentlicht, verbindlich gemäß § 6 I NV Bühne ist allerdings der tägliche Proben- und Aufführungsplan, die Mitglieder haben sich hierüber ständig zu informieren.

Das Solo-Mitglied hat sich sodann spätestens eine halbe Stunde vor Beginn des betreffenden Aktes im Ankleideraum einzufinden, es wird von den Ankleidern angezogen, die unter anderem Verspätungen des Mitglieds an die Intendanz zu melden haben. Das Mitglied wird überdies durch eine im gesamten Theater vorhandene Sprechanlage vom Inspizienten auf die Bühne gerufen, ist jedoch für sein rechtzeitiges Erscheinen in Kostüm und Maske auf der Bühne selbst verantwortlich (vgl. § 6 VI NV Bühne).

Dem Solo-Mitglied ist eine elfstündige Ruhezeit nach dem Ende der täglichen Arbeitszeit, insbesondere nach der Abendaufführung oder nach der Heimkehr von auswärtigen Gastspielen zur Nachtzeit zu gewähren (§ 56 I NV Bühne). Eine Verkürzung dieser Nachtruhezeit kann erfolgen, wenn dies nach den besonderen Belangen des Theaters erforderlich sein sollte, dafür ist dann jedoch ein Ausgleichszeitraum festzulegen (§ 56 I NV Bühne). Ferner muss das Solo-Mitglied vier Stunden vor Aufführungsbeginn nicht mehr an Proben teilnehmen, es sei denn, es handelt sich hierbei um Haupt- oder Generalproben (§ 56 II NV Bühne). Außerdem ist dem Solomitglied zwischen zwei Proben und vor einer Probe, die nach einer Aufführung stattfindet, eine angemessene Ruhezeit einzuräumen (§ 56 III NV Bühne).

Eine Beschäftigung an Sonn- und Feiertagen wird nach § 57 I NV Bühne durch die während des Ausgleichszeitraumes einer Spielzeit eintretende Freizeit ausgeglichen. Die Teilnahme an Proben an Sonn- und Feiertagen kann das Solo-Mitglied nach § 55 II NV Bühne jedoch ablehnen, es sei denn, dass besondere Umstände, insbesondere eine Störung des Spielplans oder des Betriebs oder ein Gastspiel dies erfordern.

Im Abschnitt 2 des NV Bühne wird in den Sonderregelungen für Bühnentechniker die wöchentliche Arbeitszeit dieser Berufsgruppe festgelegt. Die Wochenarbeitszeit beträgt in der Regel 38,5 Stunden, kann jedoch im Bedarfsfall um bis zu 7,5 Stunden gesteigert werden (§ 64 I NV Bühne). Gemäß § 5 III NV Bühne ist mit Bühnentechnikern auch eine Teilzeitvereinbarung zulässig, mit den Mitgliedern des Opernchores kann Teilzeitarbeit nur innerhalb eines mindestens für eine Spielzeit abgeschlossenen Arbeitsvertrages vereinbart werden. Der Umfang der Beschäftigung ist überdies im Arbeitsvertrag festzulegen.

8.4.4 Erreichbarkeit

Nach dem Wortlaut des § 6 IV NV Bühne müssen alle Mitglieder, sofern nichts anderes vereinbart ist, „möglichst zu jeder Zeit" erreichbar sein. Dabei sind auswärtige Aufenthaltsorte dem Arbeitgeber rechtzeitig bekannt zu geben. Mitglieder, die nicht dienstfrei haben, müssen überdies bis drei Stunden vor Beginn einer Aufführung erreichbar sein. Diese Erreichbarkeitspflicht ist unter anderem dem Umstand geschuldet, dass nach 14 Uhr eintretende Änderungen für denselben Abend oder den nächsten Tag den Mitgliedern gemäß § 6 II NV Bühne besonders mitzuteilen sind.

8.4.5 Nebenbeschäftigung

§ 4 NV Bühne regelt die Nebenbeschäftigung. Nach der dort getroffenen Vereinbarung ist jede entgeltliche Nebenbeschäftigung – auch während des Urlaubs – dem Arbeitgeber möglichst rechtzeitig und noch vor ihrer Ausübung schriftlich (!) mitzuteilen.
Hat der Arbeitgeber Grund zur Annahme, dass die Nebenbeschäftigung die Erfüllung der arbeitsvertraglichen Pflichten des Mitglieds oder sonstige berechtigte Interessen beeinträchtigen könnte, so kann der Arbeitgeber die Nebenbeschäftigung untersagen. Dies gilt auch für den Gastierurlaub, der gemäß § 40 I NV Bühne dem Solo-Mitglied gewährt werden kann, aber nicht muss. Das Theater kann demgegenüber jedoch das Mitglied für eine Aushilfstätigkeit an einer anderen Bühne des Deutschen Bühnenvereins unter Fortzahlung der Vergütung freistellen, sofern die dienstlichen oder betrieblichen Verhältnisse dies zulassen (§ 40 II NV Bühne).

Die Nebenbeschäftigungsregelung ist insofern beachtlich, als dass gerade immer wieder Mitglieder eines Opernensembles (Opernsänger, Opernchorsänger, Orchestermusiker etc.) neben ihrer Tätigkeit an einem Theater in ihrer Freizeit beispielsweise Gesangs- oder Instrumentalunterricht für jedermann anbieten oder in ihren Ferien oder theaterfreien Tagen bei Sommerfestspielen oder zum Beispiel zur Advents- und Weihnachtszeit in Kirchenkonzerten mitwirken und sich so ein „Zubrot" verdienen. Sofern der Arbeitgeber hiervon nicht in Kenntnis gesetzt wurde, kann dies im Sinne von § 4 NV Bühne arbeitsvertragsrechtliche Konsequenzen zur Folge haben.

8.4.6 Vergütung - Aufwendungsersatz

Die zur Aufführung eines Bühnenwerks erforderlichen Kleidungs-, Ausrüstungs- und Schmuckstücke sowie Perücken und Ballettschuhe hat der Arbeitgeber nach Maßgabe des § 25 I NV Bühne dem Mitglied zur Verfügung zu stellen. Allerdings haben Männer einen Straßenanzug, Frauen ein Straßenkleid und beide Geschlechter das zu Anzug und Kleid jeweils gehörende Schuhwerk sowie die dazugehörende Kopf- und Handbekleidung für den dienstlichen Gebrauch vorzuhalten, also auf eigene Kosten zu beschaffen. Die Kosten der Instandsetzung der Bühnenkleidung (Ausbesserungen, Reinigung, Aufbügeln) trägt der Arbeitgeber.

Bei auswärtigen Arbeitsleistungen ergibt sich nach § 26 NV Bühne ein Ersatz von Aufwendungen in Höhe der Fahrkosten, ferner hat das Mitglied einen Anspruch auf Zahlung von Tage- und Übernachtungsgeldern nach den Reisekostenbestimmungen des Arbeitgebers.

Nach § 58 I NV Bühne beträgt die monatliche Mindestgage für Solo-Mitglieder 1.600 €. In der ursprünglichen Fassung des NV Bühne von 2003 betrug die Mindestgage noch 1.550 €, die Gagenanpassung und Erhöhung um 50 € auf 1.600 € fand zum 01.01.2009 statt. Die aktualisierte Ausgabe des NV Bühne hat nun die Erhöhung der Mindestgage in ihren Regelkatalog entsprechend übernommen. Eine besondere Vergütungsvereinbarung wie beispielsweise Spielgelder beziehungsweise sogenannte Übersinghonorare können überdies vereinbart werden (§ 58 II NV Bühne).

Zum Verständnis: Die Begriffe „Spielgelder und Übersinghonorare" bezeichnen den Zustand, wenn ein Sänger für eine bestimmte Anzahl von Vorstellungen fest engagiert und beschäftigt wird, das Theater den weisungsgebundenen Sänger jedoch über die vereinbarte Anzahl von Vorstellungen hinaus beschäftigt, hier kann der Sänger also ein sogenanntes Übersinghonorar geltend machen, sofern es vertraglich vereinbart wurde.[142]

Besondere angemessene Vergütungen können gemäß § 58 III NV Bühne auch vereinbart werden, wenn das Solo-Mitglied in weiteren an demselben Tag stattfindenden Aufführungen oder in zwei gleichzeitig stattfindenden Aufführungen mitwirkt und mit der Doppelbeschäftigung eine Erschwernis verbunden ist.

---

[142] Vgl. Röper, Henning, Handbuch Theatermanagement, S. 412 f.

8.4.7 Sondervergütung

Für die zu erbringenden Dienstleistungen erhält das Mitglied ein festes Gehalt, womit alle nach dem Tarifvertrag zu erbringenden Dienstleistungen zunächst abgegolten sind. Darüber hinausgehende Leistungen als Entschädigung für übermäßige Beanspruchung oder auch die außervertragliche Verwendung der Leistungen des Künstlers hat insbesondere die Rechtsprechung der Schiedsgerichte zu regeln versucht. Dabei ist jedoch ein Sammelsurium für gewisse Sonderleistungen entstanden. Bestimmte Sonderleistungen sind bereits tarifvertraglich geregelt worden, beispielsweise als Übersinghonorar oder Spielgeld (s. o.). Daneben eröffnet sich jedoch ein weites Feld an außervertraglichen Leistungen, die sich zwar innerhalb des Theaterveranstaltungs-rahmens, aber außerhalb des fachlichen Rahmens ergeben (z. B. gesangliche Sonderleistung eines Schauspielers, Tanzeinlage eines Opernsängers etc.). Eine Mitwirkungspflicht wird hierbei angenommen, als dies nach Treu und Glauben zumutbar ist.[143] Gemäß § 612 II BGB entsteht hier aber eine Sondervergütungspflicht des Arbeitgebers.

Außerhalb des Theaterveranstaltungsrahmens ergibt sich für das Solo-Mitglied keine Mitwirkungspflicht, sondern diese muss vielmehr erst vereinbart werden (z. B. Fernsehaufzeichnungen etc.), dies gilt jedoch nicht für Nicht-Solo-Mitglieder (beispielsweise die Damen und Herren des Opernchores). Ist mit ihnen nichts Abweichendes vereinbart worden, so stehen gemäß § 8 V NV Bühne die Nutzungsrechte an Werken, die das Mitglied in Erfüllung seiner Verpflichtungen aus dem bestehenden Arbeitsverhältnis geschaffen hat, dem Arbeitgeber zu, eine Vergütung gilt mit der vereinbarten Gage als abgegolten.
Weiter erhält der Arbeitnehmer in einigen anderen spezifischen Fällen ebenfalls keine Sondervergütung, sondern vielmehr ist die Leistung mit der gezahlten Gage abgegolten, wenn zum Beispiel ein Souffleur oder ein Inspizient seine Tätigkeit aus dem Zuschauerraum verrichten muss. Auch das Singen in einer fremden Sprache bewirkt nicht den Anspruch auf eine Sondervergütung (es sei denn, die Sprache ist sehr kompliziert und hat ein umfangreiches Erlernen zur Folge, etwa russisch für deutsche Sänger). Ferner wird

---

[143] Vgl. Kurz, Hanns, S. 311, Rn. 104 f.

der Zeitaufwand für das Schminken des Solo-Mitgliedes nicht gesondert vergütet, dies gilt auch für die Teilnahme an Nachtaufführungen.[144]

8.4.8 Sonstige Ansprüche

Zuwendungen: Nach den Bestimmungen des § 13 I NV Bühne erhält das Mitglied für jede Spielzeit, in der es bei derselben Bühne in einem Arbeitsverhältnis von mindestens neun Monaten gestanden hat, eine Zuwendung, sofern das Mitglied nicht aus eigenem Verschulden vorzeitig ausgeschieden ist. Die Zuwendung kann jedoch entfallen, wenn das Mitglied gemäß § 40 II NV Bühne einen Gastierurlaub von mehr als 40 Tagen in der jeweiligen Spielzeit in Anspruch genommen hat.

Gagenanpassungen finden im Sinne des § 12 a NV Bühne nach den Anpassungen der allgemein-öffentlichen Tarifverträge TVöD/VKA oder TV-L statt oder orientieren sich an diesen. Hiervon können arbeitsvertraglich Ausnahmen vereinbart werden. So kann das Solo-Mitglied von Gagenanpassungen innerhalb der ersten zwölf Monate eines Engagements ausgeschlossen werden, dies gilt auch bei einem bezahlten Gastierurlaub von mindestens 40 Tagen oder wenn das Solo-Mitglied eine Gage erhält, die höher als der dreifache Betrag der Mindestgage ist (§ 58 V NV Bühne).

Vermögenswirksame Leistung: Außerdem steht dem Mitglied gemäß § 16 f. NV Bühne eine vermögenswirksame Leistung in Höhe von monatlich 6,65 € im Sinne des Vermögensbildungsgesetzes zu.

Sterbegeld: Ferner besteht gemäß § 32 auch ein Anspruch auf Sterbegeld. Es steht dem überlebenden Ehegatten, dem überlebenden eingetragenen Lebenspartner oder aber den Abkömmlingen des Mitglieds zu. Das Sterbegeld besteht gemäß § 32 III NV Bühne aus der Vergütung, die dem verstorbenen Mitglied im Sterbemonat für den Sterbetag und die restlichen Tage des Sterbemonats zugestanden hätte sowie das zweifache der Vergütung, die dem Mitglied im Sterbemonat zugestanden hätte.

---

[144] Vgl. Kurz, Hanns, S. 320, Rn. 121 f.

Beschäftigungsanspruch: Wichtig zu erwähnen ist noch der Beschäftigungsanspruch, der sich für das Solo-Mitglied aus § 54 II NV Bühne ergibt. Demnach hat der Arbeitnehmer die Dienste des Solo-Mitgliedes abzunehmen, er hat das Solo-Mitglied angemessen zu beschäftigen. Angemessen beschäftigt ist das Solo-Mitglied dann, wenn es nach Auffassung des Bundesoberschiedsgerichts in mindestens zwei Premierenrollen im entsprechenden Kunstfach auftreten kann.[145] Zum Beschäftigungsanspruch allgemein sei auf die Ausführungen der Nr. 5.3.3 dieser Arbeit verwiesen.

Krankenbezüge: § 27 ff. NV Bühne regelt den Erhalt von Krankenbezügen bei Arbeitsunfähigkeit und orientiert sich nach den Bestimmungen des Entgeltfortzahlungs-gesetzes bei Angestellten. Voraussetzung für den Bezug von Krankengeld ist die unverschuldete Arbeitsunfähigkeit oder die Arbeitsverhinderung infolge einer Maßnahme der medizinischen Vorsorge oder Rehabilitation. Das Mitglied muss seine Arbeitsunfähigkeit und, sofern möglich, die absehbare Dauer dem Arbeitgeber mitteilen. Dauert die Arbeitsunfähigkeit infolge Krankheit länger als drei Tage an, ist diese durch Vorlage einer ärztlichen Bescheinigung nachzuweisen (§ 28 I NV Bühne).

Gemäß § 27 II NV Bühne erhält das Mitglied bis zur Dauer von sechs Wochen Krankenbezüge in Höhe der Urlaubsvergütung, die ihm bei einem Erholungsurlaub zustehen würde. Danach erhält das Mitglied einen Krankengeldzuschuss bis zum Ende der 20. Woche der Arbeitsunfähigkeit (§ 27 III NV Bühne). Die Höhe des Krankengeldzuschusses bemisst sich nach der Differenz zwischen den Leistungen des Sozialversicherungsträgers und dem Nettovergütungsbetrag.

8.5 Ordnungsausschuss - Hausordnung

Die Hausordnung des NV Bühne bestimmt in § 47, dass für die einzelnen Beschäftigungsgruppen ein Ordnungsausschuss gebildet werden muss. Dieser besteht aus drei Mitgliedern sowie drei Ersatzmitgliedern, die von den jeweiligen Gruppenmitgliedern gewählt werden. Der Ordnungsausschuss wiederum wählt gemäß § 47 I NV Bühne einen Obmann.

---

[145] Vgl. BOSchG, 1/85, AP Nr. 9 zu § 611 BGB; Kurz, Hanns, S. 328, Rn. 143 f.

Alle den Betrieb berührenden Streitigkeiten sind zunächst dem Ordnungsausschuss zur Schlichtung zu unterbreiten, der dem Arbeitgeber ein Gutachten erstatten kann (§ 47 III NV Bühne). Verstöße gegen arbeitsvertragliche Verpflichtungen können vom Arbeitgeber gemeinsam mit dem Ordnungsausschuss durch Verwarnung oder Bußgeld geahndet werden (§ 47 II NV Bühne). Bußgelder wiederum müssen nach § 47 IV NV Bühne für wohltätige und gemeinnützige Einrichtungen verwendet werden, die den Mitgliedern zugute kommen, überdies dürfen sie die Höhe von 4 Tagesgagen nicht übersteigen. Das betroffene Mitglied ist im übrigen vor Verhängung der Strafe anzuhören (§ 47 II NV Bühne).

8.6 Opernchor- und Tanzgruppenvorstand

Ähnlich der Hausordnung mit ihren Ordnungsausschüssen bilden die Tarifgruppen Opernchor und Tanz in geheimer Wahl für ihre Gruppe jeweils einen Vorstand (§ 48 I NV Bühne). Wahlberechtigt sind alle Gruppenmitglieder, wählbar alle Mitglieder, die der entsprechenden Gruppe länger als eine Spielzeit angehören. Der Vorstand wiederum besteht aus einem Obmann, seinem Vertreter und einem weiteren Mitglied (§ 48 III NV Bühne). Die Wahl erfolgt regelmäßig zu Beginn der Spielzeit, die Amtszeit des Vorstandes erstreckt sich auf zwei Spielzeiten (§ 49 I NV Bühne). Aufgaben und Befugnisse des Vorstandes richten sich nach § 51 f. NV Bühne.

Demnach wirkt der Vorstand mit bei der Auswahl von Bewerbern, auch Bedenken gegenüber dem Spielplan und der Probeneinteilung kann der Vorstand dem Arbeitgeber gegenüber äußern (§ 51 III NV Bühne). Durch Gesetz oder Tarifvertrag sind dem Vorstand insbesondere folgende Aufgaben zugewiesen:

- die Geltendmachung von Leistungsschutzrechten (§ 80 UrhG),
- die Änderung außertariflicher Regelungen (§ 43 II NV Bühne)
- die Änderung von Probenregelungen (§§ 72, 85 NV Bühne)
- die Verkürzung von Ruhezeiten (§§ 73, 86 NV Bühne)
- die Abweichung von den Regelungen über freie Tage (§§ 74, 87 NV Bühne)
- die Abgeltung eines Sondervergütungsanspruchs durch Freizeit (§ 79 IV, § 93 III NV Bühne).

Die hier durch den jeweiligen Vorstand erzielten Regelungen sind für die Mitglieder der entsprechenden Beschäftigungsgruppe verbindlich.[146]

8.7 Urlaub

Auch der Arbeitnehmer am Theater hat einen Anspruch auf Erholungsurlaub. Dieser ist tarifvertraglich in § 33 ff. NV Bühne normiert. Demnach steht dem Mitglied in jedem Urlaubsjahr unter Zahlung der Urlaubsvergütung Erholungsurlaub zu; das als Bemessungsgrundlage benannte Urlaubsjahr ist nicht etwa die Spielzeit, wie man dies annehmen könnte, sondern vielmehr das Kalenderjahr (§ 33 I, II NV Bühne).

Der Urlaubsanspruch beträgt in jedem Urlaubsjahr 45 Kalendertage (§ 34 I NV Bühne). Sinnvollerweise soll der Urlaub während der Theaterferien, also außerhalb der Spielzeit gegeben und genommen werden (§ 35 I NV Bühne). Gemäß § 37 f. NV Bühne erhält das Mitglied als Urlaubsvergütung die Vergütung; die Sondervergütung, die in Monatsbeträgen festgelegt ist; einen Anteil der sonstigen regelmäßig angefallenen Sondervergütungen und einen Anteil der Spielgelder bzw. Übersinghonorare. Im übrigen wurde nach der alten Fassung des NV Bühne aus dem Jahre 2003 dem Mitglied in jeder Spielzeit ein Urlaubsgeld, welches nicht zu der eigentlichen Vergütung zählte, ausbezahlt. Mit der Neuregelung des NV Bühne im Jahr 2011 wurde dieser Anspruch ersatzlos gestrichen.

8.7.1 Freie Tage

Das Solo-Mitglied erhält gemäß § 57 I NV Bühne je Spielzeit acht freie Tage, an denen es nicht erreichbar sein muss. Am 01. Mai sowie am 24. Dezember können freie Tage jedoch nicht gewährt werden. Des weiteren sind acht Sonntage beschäftigungsfrei, hier muss das Solo-Mitglied also ebenfalls nicht erreichbar sein (§ 57 III NV Bühne).

---

[146] Protokollnotiz zu § 51 I, Satz 2 NV Bühne

8.7.2 Arbeitsbefreiung

Für besondere Anlässe können dem Mitglied unter Fortzahlung der Vergütung freie Tage eingeräumt und das Mitglied damit von der Arbeit befreit werden. Diese besonderen Anlässe sind in § 39 I, IV NV Bühne geregelt und sind etwa die Niederkunft der Ehefrau (1 Arbeitstag); Tod des Ehegatten, des Lebenspartners, eines Kindes oder Elternteils (2 Arbeitstage); Umzug aus dienstlichen Gründen (1 Arbeitstag). Nach eigenem Ermessen kann der Arbeitnehmer vom Arbeitgeber bis zu 3 Tagen von der Arbeit befreit werden. Insgesamt darf die Freistellung pro Kalenderjahr nicht mehr als 5 Arbeitstage betragen. Eine kurzfristige Freistellung ohne Fortzahlung der Vergütung ist möglich. Darüber hinaus kann der Arbeitgeber die Befreiung von der Arbeit auch versagen, sofern dringende dienstliche oder betriebliche Gründe entgegenstehen.

8.8 Zusätzliche Alters- und Hinterbliebenenversorgung

Dem § 41 NV Bühne entsprechend müssen die Mitglieder bei der Versorgungsanstalt der deutschen Bühnen pflichtversichert sein, soweit die Satzung der Versorgungsanstalt der deutschen Bühnen eine solche Pflichtversicherung vorsieht. Der Arbeitnehmer erhält zur monatlichen Prämienzahlung einen Zuschuss in Höhe des Beitraganteils, den der Arbeitgeber zur Rentenversicherung der Angestellten zu zahlen hätte (§ 41a I NV Bühne).

8.9 Beendigung des Arbeitsverhältnisses

Das Arbeitsverhältnis kann beendet werden durch die Nichtverlängerungsmitteilung (§§ 42, 61 NV Bühne), die ordentliche Kündigung (§ 43 NV Bühne) oder durch die außerordentliche Kündigung (§ 44 NV Bühne).

Die Nichtverlängerungsmitteilung richtet sich nach den für die einzelnen Beschäftigtengruppen geltenden Sonderregelungen. Hiernach endet das Arbeitsverhältnis mit dem im Arbeitsvertrag vereinbarten Zeitpunkt. Ein für mindestens ein Jahr abgeschlossener Arbeitsvertrag verlängert sich zum Beispiel um ein weiteres Jahr, sofern dieser nicht bis zum 31. Oktober der Spielzeit, mit deren Ablauf der Arbeitsvertrag endet, durch schriftliche

Mitteilung einer Vertragspartei gekündigt wird (Nichtverlängerungs-mitteilung gem. § 61 II NV Bühne). In der Nichtverlängerungsmitteilung muss die eine Vertragspartei der anderen mitteilen, dass sie nicht beabsichtigt, den Arbeitsvertrag nach Ablauf zu verlängern.

Je länger das Arbeitsverhältnis ununterbrochen besteht, umso früher muss die Nichtverlängerungsmitteilung ausgesprochen werden. Besteht das Arbeitsverhältnis am Ende einer Spielzeit beispielsweise länger als acht Jahre, muss die Nichtverlängerungsmitteilung der anderen Vertragspartei bis zum 31. Juli der jeweils vorangegangen Spielzeit schriftlich mitgeteilt werden usw. Näheres hierzu regelt § 61 f. NV Bühne. Die ordentliche Kündigung kann nach § 43 I NV Bühne nur zum Schluss eines Vertragsjahres oder einer Spielzeit mit einer Frist von sechs Wochen schriftlich erfolgen.

Die außerordentliche Kündigung kann aus wichtigem Grund fristlos erfolgen, wenn also beispielsweise „Tatsachen vorliegen, aufgrund derer dem Kündigenden unter Berücksichtigung aller Umstände des Einzelfalls und unter Abwägung der Interessen beider Vertragsparteien die Fortsetzung des Arbeitsverhältnisses bis zur vereinbarten Beendigung nicht mehr zugemutet werden kann. Die Kündigung bedarf der Schriftform" (§ 44 I NV Bühne). Wichtige Gründe sind etwa Beleidigungen, Arbeitsverweigerungen, Straftaten, Drogenmissbrauch etc.

9. Haustarifvertrag

Während der Tarifvertrag NV Bühne insbesondere an allen Theaterbetrieben gilt, die von einem Land, einer Gemeinde beziehungsweise von einem oder mehreren Gemeindeverbänden überwiegend rechtlich oder selbstständig getragen werden[147], gilt im Gegensatz hierzu ein Haustarifvertrag nur an jeweils dem Theaterbetrieb, mit dem er individuell ausgehandelt wurde. Zweck der Haustarifverträge ist es, von bundesweit geltenden Flächentarifverträgen mit Zustimmung der Gewerkschaften abzuweichen beziehungsweise abweichen zu können, wenngleich sie sich inhaltlich an ihnen orientieren. Dies ist im Theaterbereich insbesondere dann sinnvoll, wenn Bühnen sich in einer wirtschaftlichen Notlage befinden. Meist geht es bei den Haustarifverträgen um finanzielle Regelungen und Zahlungen, die innerhalb eines bestimmten und vereinbarten Zeitraumes gekürzt oder ganz eingestellt werden sollen (z. B. Streichung von Zuwendungen, Verkürzung von Urlaubsgeld, Verkürzung der Arbeitszeit etc.).[148]

So etwa hat der Deutsche Bühnenverein und die Genossenschaft Deutscher Bühnen-Angehöriger sowie die Vereinigung deutscher Opernchöre (VdO) unlängst den Haustarifverträgen mit der Theater, Oper und Orchester GmbH Halle bis zunächst 2014 zugestimmt. Damit sind alle Sparten der GmbH, das Kinder- und Jugendtheater, das Thalia Theater, die Oper, die Staatskapelle, das neue Theater sowie das Puppentheater in Halle an der Saale einstweilen vor der sicheren Schließung bewahrt.[149] Für die Mitarbeiter des öffentlichen Dienstes der GmbH wurden die Haustarife zwischen der Gewerkschaft ver.di und dem kommunalen Arbeitgeberverband Sachsen-Anhalt vertraglich vereinbart. Nach dem geschlossenen Haustarif verzichten die Mitarbeiter auf zehn Prozent ihres Gehaltes, dies soll durch zusätzliche freie Tage kompensiert werden. Ferner wurde vereinbart, dass betriebsbedingte Kündigungen bis zum Sommer 2015 ausgeschlossen sind.

Die Theater – insbesondere kleinere Häuser – haben damit ein Instrument an der Hand, mit dem sie drohende wirtschaftliche Notlagen abwenden oder aber individuelle Anforderungen und Bedürfnisse mit Zustimmung der Gewerkschaften regeln können.

---

[147] Vgl. Fischer/Reich, § 6, Rn . 28
[148] Vgl. Herdlein, Hans, Alphabet der Theaterpraxis, S. 39 f.
[149] Quelle: http://www.nmz.de/kiz/nachrichten/haustarifvertraege-unterschrieben-thalia-theater-halle-gerettet
Quelle: Halle-Forum, Internet: http://www.halleforum.de/Halle-Nachrichten/Thalia-Theater-Haustarife-unterzeichnet/31282
Zugriff am 22.10.2011

10. Arbeitsrecht am Theater im Wandel der Zeiten - Ausblick

Angesichts leerer Staats-, Landes- und Gemeindekassen sind viele Ministerien, Kultursenate und Kommunen immer wieder gezwungen, in ihren Haushalten vehement den „Rotstift" anzusetzen. Sehr oft trifft es als erstes die Kunst- und Kultureinrichtungen wie etwa Theater und Museen, da manche Politiker glauben, auf Kunst und Kultur am ehesten verzichten zu können.

Sicherlich kann Kunst und Kultur keine „hungrigen Mäuler stopfen", Kunst und Kultur nähren jedoch den Geist und die Seele, sie schaffen Lebensfreude und Bildung, bewahren Tradition und Brauchtum und erweitern schlicht „den Horizont".

Wer also glaubt, ein Volk könne auf Kunst und Kultur verzichten, der irrt. Eine wichtige Kunst- und Kultureinrichtung ist das Theater mit all seinen Sparten (Oper, Schauspiel, Ballett). Es ist nach wie vor ein unverzichtbarer Mittelpunkt in den Städten und Gemeinden.[150] Der Abbau von Kunstgattungen oder gar die Schließung der Theater kann für die Konsolidierung der Haushalte daher kaum die Lösung sein.

Die an den Theatern beschäftigten Künstler haben es - nicht erst in unseren Tagen - schwer. Viele von ihnen leben quasi am Existenzminimum. Wer heutzutage den Beruf des Bühnenkünstlers ergreift, muss sich der finanziellen Notlage an vielen Theatern und Kultureinrichtungen bewusst sein. Theaterbetriebe sind angesichts massiver Sparmaßnahmen und Subventionskürzungen stets darauf bedacht, möglichst kostengünstig zu wirtschaften und zu produzieren. Es bleibt nicht aus, dass sich dies auch auf die dort beschäftigten Künstler auswirkt.

Hohe Gagen und gute Rollen bleiben oft nur einer kleinen, meist durch Film, Fernsehen und Funk bekannten Künstler-Klientel vorbehalten, die Mehrheit der Künstler ist mit zeitlich befristeten selbstständigen oder unselbstständigen Verträgen an den Theaterbetrieben beschäftigt, Sonn- und Feiertagsarbeit sind die Regel, die abendliche Vorstellung das Zentrum der Arbeit.

---

[150] Vgl. Herdlein, Hans, Alphabet der Theaterpraxis, S. 14 ff.

Der Künstler muss daher bereit sein, bei niedrigen Vergütungen sich ständig ändernden Lebensumständen anzupassen. Hierzu gehört das Wechseln zwischen diverser Bühnen, oft verbunden mit einem kompletten Wohnsitzwechsel, ständig veränderter Arbeitszeiten, das Einlassen auf immer wieder neue Kollegen und das immer wieder neue Abschließen diverser Theaterverträge.

Vor diesem Hintergrund ist es verständlich, dass auch für den Künstler ein Minimum an Existenzsicherung gewährleistet sein muss. Ein Zusammenschluss der Künstler zu Interessenvertretungen und Gewerkschaften war daher nur ein folgerichtiger Schritt.
In Deutschland ist deshalb die Genossenschaft Deutscher Bühnen-Angehöriger (GDBA) als Arbeitnehmerverband gegründet worden. Mit ihrem Vertragspartner, dem Deutschen Bühnenverein (Arbeitgeberverband) hat man ständig versucht, für beide Seiten annehmbare Rahmenbedingungen zu schaffen und rechtsverbindliche Regelungen zu finden. Aus diesem Rechtsfindungs- und Vertragsgestaltungsprozess resultierten zahlreiche Tarifvereinbarungen (sieben Verträge allein im Musiktheaterbereich), die man aufgrund der Unübersichtlichkeit und der Kritik der Künstler erstmals 2003 zu einem neuen, einzigen Tarifvertrag, dem Normalvertrag Bühne (NV Bühne) zusammenfasste. Aber auch die Regelungen dieses Tarifvertrages wurden im Laufe der letzten Jahre ständig an neue Gegebenheiten angepasst und ergänzt.

Es blieb daher nicht aus, die stattgefundenen Anpassungen und Änderungen zu integrieren und den NV Bühne in einer neuen Fassung zu modernisieren. Dieses überarbeitete Tarifwerk ist rückwirkend zum 01.01.2011 in Kraft getreten. Das Tarifwesen selbst am Theater hat eine Schutzfunktion. Es sichert die arbeitsrechtliche Basis der Künstler und erhält das Theater als Institution, gleichwohl ist auch der NV Bühne nicht unumstritten.

Vielfach werfen Künstler, insbesondere Solo-Mitglieder, den Verbänden noch immer vor, der Tarifvertrag würde sie zu sehr an ein Theater einbinden, er sei mit seinen Sondervereinbarungen überdies ein unüberschaubares rechtliches Regelwerk, das vor allem den Arbeitgeber begünstige. Wie so oft liegt die Wahrheit auch hier wohl in der Mitte: Einerseits bietet der NV Bühne dem Mitglied eine soziale Absicherung, wie sie historisch betrachtet bisher kaum gegeben war, andererseits ist der Vorwurf, der NV Bühne sei das

Schlusslicht aller deutschen Tarifverträge, da er hauptsächlich die Rechte des Arbeitgebers stärke, nicht völlig von der Hand zu weisen.

Die vorliegende Studie sollte insbesondere die am Theater gebräuchlichsten Verträge und ihre Vereinbarungen betrachten. Es sollte aufgezeigt werden, welchen Vertragsmodellen sich der Künstler heutzutage am Musiktheater gegenübersieht und welche unterschiedlichen, rechtlichen Auswirkungen sich hierdurch für ihn ergeben. Die Beleuchtung der Haustarife und der Gastspielverträge als Gastspieldienstvertrag, als Gastspielwerkvertrag oder als Gastspielarbeitsvertrag runden die Betrachtung ab. Diese Verträge lassen gegenüber dem Tarifvertrag NV Bühne insbesondere individuell-rechtliche Regelungen zu, die im Einzelnen zwischen Arbeitgeber- und Arbeitnehmerverbänden bzw. zwischen Arbeitgeber und Arbeitnehmer auszuhandeln sind.

Wie und ob sich insbesondere der neue Kollektivvertrag NV Bühne in den nächsten Jahren bewährt, bleibt abzuwarten. Insofern kann insgesamt nur allgemein angemahnt werden, die rechtliche und finanzielle Situation der Künstler und ihrer Bühnen zum Allgemeinwohl zu stärken und zu verbessern, da sie Träger von Kunst und Kultur, Brauchtum und Tradition sind und die Freiheit des Denkens, den Drang nach Erkenntnis und schöpferischer geistiger Tätigkeit bewahren.

„Wenn das Theater eingeht, ist auch der Eros eingegangen."[151]
Max Frisch (Tagebuch 1946 – 1949)

---

[151] Frisch, Max, Tagebuch 1946 – 1949, S. 322

Literaturverzeichnis

Abfalter, Dagmar	Das Unmessbare messen?, VS Verlag für Sozialwissenschaften, Wiesbaden, 1. Auflage 2010
Adorno, Theodor W.	Minima Moralia, Reflexionen aus dem beschädigten Leben, Suhrkamp, Frankfurt am Main 2008
Asmussen, Holger	Die Geschichte des Deutschen Theaterrechts, Dissertation iur., Köln, 1980
Bassenge, Peter Brudermüller, Gerd Diederichsen, Uwe Ellenberger, Jürgen Grüneberg, Christian Thorn, Karsten Sprau, Hartwig Weidenkaff, Walter	Palandt Beck'sche Kurzkommentare Bürgerliches Gesetzbuch Verlag C. H. Beck München, 70. Auflage 2011 (zitiert: Palandt)
Bolwin, Rolf	Berufe am Theater, Deutscher Bühnenverein, Köln, 6. Auflage 2007
Creifelds, Carl Weber, Klaus	Rechtswörterbuch Verlag C. H. Beck, München 16. Auflage 2000 (zitiert: Creifelds Rechtswörterbuch)
Dörner, Klemens Luczak, Stefan Wildschütz, Martin	Handbuch des Fachanwalts Arbeitsrecht, Luchterhandverlag, Köln, 8. Auflage 2009 (zitiert: Arbeitsrecht)
Dünnwald, Rolf	Die Rechtsstellung des Theaterintendanten, Dissertation iur., Köln 1964

Finke, Hugo Brachmann, Wolfgang Nordhausen, Willy	Künstlersozialversicherungsgesetz, Kommentar, C. H. Beck-Verlag, 4. Auflage 2009 (zitiert: KSVG Künstlersozialversicherungsgesetz)
Finn, Ulrike	Das Beschäftigungssystem Theater Grin-Verlag, Bachelorarbeit, Norderstedt, 1. Auflage 2009
Fischer, Hermann Josef Reich, Steven A.	Der Künstler und sein Recht C. H. Beck-Verlag, München, 2. Auflage 2007 (zitiert: Fischer/Reich)
Frenzel, Herbert A.	Geschichte des Theaters, Daten und Dokumente 1470-1849, Deutscher Taschenbuchverlag dtv 1979
Frisch, Max	Tagebuch 1946 - 1949, Suhrkamp-Verlag, Frankfurt a. M. 1972
Genossenschaft Deutscher Bühnenangehöriger (GDBA)	Normalvertrag Bühne Bühnenschriften-Vertriebs-GmbH, Hamburg 2011
Herdlein, Hans	Alphabet der Theaterpraxis für Anfänger und Profis Bühnenschriften-Vertriebs-GmbH, Hamburg, 1. Auflage 2003
Herdlein, Hans	Vertrags-Einmaleins Ratschläge für GDBA-Mitglieder Bühnenschriften-Vertriebs-GmbH, Hamburg, 2. Auflage 2005
Herdlein, Hans	Praktizierte Solidarität, in: Bühnengenossenschaft 6-7/11, Leitartikel

Jauernig, Othmar Berger, Christian Mansel, Heinz-Peter Stadler, Astrid Stürner, Rolf Teichmann, Arndt	Bürgerliches Gesetzbuch, Kommentar C. H. Beck Verlag, München 11. Auflage 2004 (zitiert: Jauernig, Kommentar zum Bürgerlichen Gesetzbuch)
Klunzinger, Eugen	Grundzüge des Gesellschaftsrechts, Verlag Franz Vahlen, München, 11. Auflage 1999
Kuhr, Rudolf	Was ist Kunst - Eine Betrachtung mit Zitaten, 07.11.2005, Quelle: Internet unter http://www.humanistische-aktion. homepage.t-online.de/kunst.htm
Kurz, Hanns	Praxishandbuch Theaterrecht C. H. Beck-Verlag, München 1999
Küttner, Wolfdieter Röller, Jürgen	Personalbuch 2011 Arbeits-, Lohnsteuer-, Sozialversicherungs- recht; 18. Auflage, C. H. Beck-Verlag, München 2011 (zitiert: Personalbuch 2011)
Lansnicker, Frank	Prozesse in Arbeitssachen C. H. Beck-Verlag, München 2. Auflage 2010
Löwisch, Manfred	Arbeitsrecht Werner-Verlag, Düsseldorf 6. Auflage 2002
Marschollek, Günter	Arbeitsrecht Alpmann und Schmidt Verlagsgesellschaft, Münster, 16. Auflage 2007 (zitiert: Alpmann-Schmidt)

Musielak, Hans-Joachim	Grundkurs BGB C. H. Beck Verlag, München, 9. Auflage 2005
Risch, Mandy Kerst, Andreas	Eventrecht kompakt Springer-Verlag, Heidelberg 2. Auflage, 2011
Rixecker, Roland Säcker, Franz Jürgen	Münchener Kommentar, C. H. Beck Verlag, Band 4, 5. Auflage 2009 (zitiert: Münchener Kommentar zum BGB)
Röper, Henning	Handbuch Theatermanagement Böhlau-Verlag, Münster 2. Auflage 2006
Schmidt, Ludwig Wacker, Roland	Einkommensteuergesetz, Kommentar C. H. Beck-Verlag, München, 28. Auflage 2009
Seifert, Karl-Heinz Hömig, Dieter	Grundgesetz für die Bundesrepublik Deutschland, Taschenkommentar, Nomos-Verlag Baden-Baden, 6. Auflage 1999
Zöllner, Wolfgang Loritz, Karl-Georg	Arbeitsrecht C. H. Beck-Verlag, München, 5. Auflage 1998
Zünder, Ralf	Die Entwicklung der deutschen Bühnengenossenschaft von der Standesvertretung zur Gewerkschaft (1871-1924), in: Bühnengenossenschaft bg 8-9/88 bis 10/89, S. 12 ff